REINER STRUNK • Verzehrende Flammen

REINER STRUNK

Verzehrende Flammen

Pfarrer Beermanns dritter Fall

Ein Kirchenkrimi

neukirchener
verlag

Denn siehe, der HERR wird kommen mit Feuer und seine Wagen wie ein Wetter, dass er vergelte im Grimm seines Zorns und mit Schelten in Feuerflammen.

JESAJA 66,15

Was innerliches Licht war, wird zur verzehrenden Flamme, die sich nach außen wendet.

KARL MARX

Im Sommer und noch im milden Frühherbst nutzte Beermann jede freie Stunde für seine neue Leidenschaft: Schmetterlinge – ausgelöst durch einen Zeitungsartikel, der von einem bedauerlichen Rückgang aller Schmetterlingsbestände wusste. Die zarten Kreaturen seien das auffälligste Opfer moderner Schädlingsbekämpfung. Seltenere Arten seien vom Aussterben bedroht oder bereits ausgestorben.

Vielleicht hatte ihn auch ein sommerliches T-Shirt angeregt, das Bettina gern spazieren trug und das mit einem Laotse-Zitat bedruckt war:

Was für die Raupe das Ende der Welt ist,
nennt der Rest der Welt Schmetterling.

Jedenfalls streifte Beermann auf einmal forschend durch den Pfarrgarten, musterte Büsche und Blütenstände und hoffte, dass ein Falter auffliegen und nektartrunken an ihm vorübersegeln würde. Häufig kam das allerdings nicht vor. Am ehesten verirrte sich mal ein ordinärer Kohlweißling von den stadtnahen Feldern in seine Blumenbeete oder ein

Zitronenfalterpärchen vollführte Liebestänze über dem blumenreichen Rasenstück. Beermann konnte sich nicht erinnern, in den vergangenen Jahren ein Pfauenauge oder einen Admiral gesichtet zu haben.

Es lag ihm nicht daran, Schmetterlinge zu fangen oder gar zu sammeln. Ein Graus waren ihm die hinter Glas zur Schau gestellten Insektenleichen, die mit dünnen Stecknadeln durch Leib und Flügel auf einen Karton geheftet wurden und ihm immer wie eine Galerie aus Gekreuzigten erschienen. Sein Großvater hatte diese Art einer mörderischen Ästhetik betrieben, aber schon sein Vater hatte sich geweigert, die Sammlung als Teil des Erbes zu übernehmen.

Bettina begrüßte die unverhofft aufgebrochene Liebhaberei ihres Mannes und meinte, sie verhelfe ihm zu regenerativen Pausen. Die brauche er umso dringender, je älter er werde und je nachhaltiger ihn die Pfarramtsgeschäfte strapazierten.

Am späten Sonntagnachmittag, kurz bevor Flözer mit seinem Pedelec vorbeikam und seltsame Nachrichten brachte, glückte Beermann die glanzvollste Entdeckung: ein Schwalbenschwanz über lilafarbenem Phlox. Der Schmetterling taumelte herum, unschlüssig, auf welcher Blüte er sich niederlassen sollte, und Beermann hätte ihn nur zu gern festgehalten, ohne ihn fangen zu müssen. Doch wie sollte er das machen? Bettina hatte kürzlich einen herumstreunenden Igel angeschleppt und im dichten Farn der Gartenecke versenkt in der Hoffnung, er werde bleiben und unter den gefräßigen roten Schnecken aufräumen, die ihre Pflanzen ruinierten. Aber der Igel hielt es nicht lange aus. Wie sollte Beermann dann erst einen geflügelten Herumtreiber zum Verweilen in seinem Garten bewegen können?

Der Schwalbenschwanz war ein Prachtstück, das mit zitternden Fühlern einen geeigneten Rastplatz suchte. Als das gelungen war, breitete er seine Flügel aus wie ein Mannequin seine Abendgala auf dem Laufsteg. Beermann pirschte sich vorsichtig heran. Mit angehaltenem Atem bestaunte er die Zeichnung des Schmetterlings, die mit schwarzen Linien in unterschiedliche Segmente aufgeteilten, gelb leuchtenden Flügelflächen; die rostbraunen Augenflecken an den hinteren Flügeln, die sich, blau getupft, am Ende schwanzartig verjüngten. Theologen der Aufklärung hatten aus solchen Wunderwerken der Schöpfung auf einen göttlichen Gestaltungswillen geschlossen und Gottes Existenz aus der Natur beweisen wollen. Soweit mochte Beermann nicht gehen, auch wenn ihn der Anblick des Falters faszinierte. Was so schön ist, kann eigentlich kein Zufall sein, dachte er, und eine Notwendigkeit gleich gar nicht. Das Notwendige ist immer karg und reduziert aufs Unerlässliche. Verschwenderisch dagegen ist das mehr als Notwendige. Verschwenderisch ist die Gnade. Oder der Liebe. Oder beides zusammen.

Vertieft in solche Betrachtungen hatte er zunächst gar nicht beachtet, dass Flözer sein Rad in den Garten geschoben und am nächsten Birkenstamm abgestellt hatte. Nun eilte er, den Schutzhelm noch auf dem Kopf und mit altmodischen Klammern an den Hosenbeinen, auf den ins Anschauen vertieften Beermann zu.

»Mensch, Beermann, was sind das für Zeiten!«, rief er,

und der Angerufene merkte, wie es ihn verstimmte, dass der Falter aufflog und über die Gartenhecke hinweg das Weite suchte.

»Das war ein Schwalbenschwanz. Überhaupt der erste, den ich in unserem Garten angetroffen habe«, sagte Beermann in leiser Verzweiflung über das abrupte Ende seiner Beobachtungen, »du hast ihn verschreckt.«

Flözer rührte das gar nicht. Er baute sich dicht vor Beermann auf, stieß ihn mit der Faust vor die Brust und erklärte: »Stell dir vor, Beermann, Hus ist beinah verbrannt!«

Dieser verblüffenden Nachricht war Beermann im Augenblick nicht gewachsen. Er schüttelte den Kopf, stierte den Kollegen an, der gebannt auf eine Reaktion des Entsetzens wartete, und meinte: »Wieso beinah? Hus ist nicht beinah verbrannt, sondern wirklich und vollständig und bei lebendigem Leibe. Vierzehnhundertfünfzehn beim Konzil in Konstanz.«

Flözer konnte sich einen kurzen Lacher nicht verkneifen. Er schlug Beermann mit seiner rechten Pranke auf die Schulter und stellte fest: »Beermann, wo träumst du bloß herum? Ich rede nicht vom böhmischen Hus und seinem traurigen Schicksal – warum auch? – sondern von unserem Mitbruder und Kollegen Friedemann Hus, drüben in der Weststadt.«

Allerdings, es gab diesen Pfarrer Hus, auf den Beermann in seiner geistigen Entrückung nicht sofort gekommen war, einen ziemlichen Haudegen in der Soldateska Christi, und manche nannten ihn auch unverblümt eine Wildsau im Weinberg des Herrn. Seine Eltern waren zum Kriegsende aus Ostpreußen zugewandert und hatten sich im Remstal niedergelassen, wo sie mit der Zeit heimisch wurden und eine Weinwirtschaft betrieben. Friedemann Hus, ein durchaus ostpreußisches Naturell, hatte also eine schwäbische Sozialisation erfahren und redete mit einer unverwechselbaren Mischung aus ostpreußischen und schwäbischen Tönungen. Das hinderte ihn freilich nicht, sich als Mundartprediger einen Namen zu machen. Die Kollegen im Bezirk registrierten mit Staunen, teilweise auch mit Neidgefühlen, wie die Menschen scharenweise unter seine Kanzel pilgerten, um den phonetisch eigenwilligen, aber anscheinend kurzweiligen Ansprachen zu lauschen. Zum anständigen Prediger bringt er's nicht, weil er theologisch ein Dünnbrettbohrer ist, und zum Kabarettisten taugt er auch nicht mit seiner Altbackenheit, höhnten manche, die sich mit solcher Einschätzung über eigene Erfolglosigkeiten hinwegtrösteten.

»Hast du kapiert?«, drängte Flözer, der Beermann jetzt mit beiden Händen an den Schultern gefasst hatte und schüttelte. »Hus ist beinah verbrannt. Mitten in seiner Kirche! Morgen wird es in der Zeitung stehen.«

Was war passiert?

Friedemann Hus hatte sich im Untergeschoss seiner Kirche aufgehalten, der ›Krypta‹, wie er hochtrabend zu sagen pflegte, und hatte sich dort zu schaffen gemacht. Das gehörte zu seinen Passionen. Als er bei seinem Amtsantritt vor Jahren den Kellerraum zur Rumpelkammer erniedrigt fand, hatte er beschlossen, ihn vollkommen umzugestalten und einen Raum der Stille daraus zu machen. Er warf damals alles überflüssige Zeug hinaus, bestückte die Nische am Kopfende des Raums mit einem hölzernen Altartisch, setzte Kerzenständer darauf, hängte Ikonen an die Wände und verteilte Meditationsbänkchen in den Ecken. Auf einem Lesepult vor dem Altar hatte er ein Buch aufgeschlagen. Nicht die Bibel, sondern eine Sammlung von Stundengebeten und religiösen Weisheitssprüchen.

Vor Wochen war er darangegangen, alles neu einzurichten. Mit unerschöpflichem Eifer hatte er Materialien zusammengetragen, die in loser Verbindung zum fünfhundertjährigen Gedenken an die Reformation standen. Alte Lutherbibeln waren darunter, einige sogar in prächtigen Ledereinbänden. Dazu Bilder, vergilbte Stiche, Porträts namhafter Personen aus der Kirchengeschichte und Kopien deftiger Flugblätter aus der Reformationszeit. Das Gesammelte hatte er, sorgfältig mit erklärenden Texten versehen, in Vitrinen und Schaukästen untergebracht und, auf Tafeln befestigt, an den Wänden entlang aufgereiht. Die Ausstellung war seine persönliche Idee gewesen, sein origineller Beitrag zum Jubiläum, wie er es nannte. An jedem Mittwochabend lud er zu einer Gedenkstunde ein, las Abschnitte aus Luthers Predigten, auch mal Kurzweiliges aus dessen Tischreden, und sang dröhnend die ›feste Burg‹, mit allen Strophen. Zwar blieb das Publikumsinteresse dürftig, im Gegensatz zu seinen Mundartpredigten in der Kirche, aber das irritierte ihn nicht. Ein Aufrechter kennt keine Niederlagen.

Und nun war er also dabei, die Auslagen einer Vitrine neu zu ordnen, als die Tür zu seinem Ausstellungsraum krachend zuschlug. Er warf den Kopf herum und sah die Plakatwand am Eingang in Flammen aufgehen. Nach einem Augenblick der Handlungsunfähigkeit, der ihn immerhin erkennen ließ, dass das Feuer gierig um sich griff und im Nu eine Schautafel sowie Bildbände auf einem Seitenbord erfasst hatte, beeilte er sich zu löschen, was sich löschen ließ. Er warf seine Jacke über brennende Bücher und wollte hinaus, um Wasser zu holen. Doch die Tür war verschlossen. Er trommelte mit beiden Fäusten dagegen und begann zu schreien, aber nichts bewegte sich. Die Wahrscheinlichkeit, gehört zu werden in seinem abgelegenen Kellerloch, war gering. Hus drehte sich um, riss sich sein Hemd vom Leib und benutzte es zu Versuchen, die Flammen auszuschlagen. Aber wenn's ihm an einer Stelle gelang, loderte es an anderen nur heftiger auf, er überblickte fassungslos das wachsende Inferno. Wie war das möglich? Als Rauch aufstieg, der sich rasch im Raum ausbreitete, presste er sein Taschentuch vor Mund und Nase und konnte trotzdem nicht verhindern, dass ihn Hustenanfälle überkamen. Er stürzte noch einmal zur Tür, trat mit Füßen dagegen und brüllte um Hilfe. Der Schrecken über den schlimmen Verlust seiner Sammlung wich einer größeren Panik: Wenn kein Rettungswunder geschah und er, unbeachtet von aller Welt, in seinem unterirdischen Heiligtum eingeschlossen blieb, dann musste er qualvoll ersticken oder ein Opfer der Flammen werden.

Dass jemand rief und von außen an die Tür polterte, vernahm er noch wie aus weiter Ferne. Erst im Sanitätstransporter, der mit Blaulicht und Martinshorn zur Notfallklinik raste, wachte er auf. Ein begleitender Arzt legte Kabel und

Kanülen und nahm erste Behandlungen seiner versengten Hautpartien vor. Hus merkte wenig davon. Er fiel zurück in einen Betäubungszustand, der auf der Intensivstation – von den Medizinern sorgfältig gesteuert – langsam aufgehoben wurde.

»Ist ja entsetzlich«, wusste Beermann bloß zu erwidern, als Flözer seinen Bericht zu Ende gebracht hatte, »und wie geht's ihm inzwischen?«

»Er ist bei Bewusstsein, aber nun auch wieder eingenommen von allen Schmerzen. Ich habe ihn vorhin besucht, solange man mich ließ. Ich sei selber Seelsorger wie der Verunglückte, gab ich an, und komisch, dieser armselige Ausweis öffnet immer noch viele Türen.«

»Wird er durchkommen?«

»Vermutlich ja. Die Ärzte legen sich ungern fest, wenn's noch einigermaßen auf der Kippe steht.«

»Und er konnte dir mitteilen, wie es zuging mit dem Brand in seinem frommen Bunker?«

»Etwas, ja. Aber sehr stockend und mit Gedächtnislücken. Aus seinem Gestammel konnte ich mir aber den Hergang des Unglücks ganz gut zusammenreimen.«

Beermann lud seinen Gast zu den Gartenstühlen unterm Apfelbaum.

»Magst du ein Bier, ein Wasser?« fragte er. Flözer dankte. Er wolle sich nicht lange aufhalten.

»Du hast vorhin von einem Unglück gesprochen«, hakte Beermann nach. »War's ein Unglück?«

Der Kollege schaute vor sich hin und trat mit dem Schuhabsatz unschuldige Gänseblümchen in den Boden.

»Weiß man nicht«, sagte er endlich, »die Polizei wird

ihre Untersuchungen anstellen. Hus selber hat keine Ahnung, weil er vorläufig das Ganze nicht überblicken und beurteilen kann, und ich denke: Es war kein Unfall. Es war ein Anschlag. Jemand hat das Feuer geplant und vorsätzlich gelegt. Vielleicht, um die Ausstellungsstücke zu vernichten. Vielleicht auch, um Hus zu töten.«

Ob er ihr nicht ein zweites Bett zur Verfügung stellen könne, hatte die Vikarin gefragt, als Beermann ihr die Dienstwohnung im Obergeschoss des Pfarrhauses zeigte.

»Ein zweites Bett, wieso?«, hatte er etwas verwundert gefragt. Worauf sie schnippisch zur Antwort gab: »Oder möchten Sie etwa, dass ich mit meinem Freund unter einer Decke stecke?«

Beermann hatte säuerlich gelächelt und der jungen Kollegin erzählt, dass heiratswillige Kandidaten früher ihre angehenden Bräute dem Oberkirchenrat zur Musterung vorzuführen hatten.

»Ach«, meinte die Vikarin, »aber das *ius primae noctis* hat man damals doch schon nicht mehr praktiziert?«

Jetzt saßen sie sich in Beermanns Amtszimmer gegenüber, mit aufgeschlagenen Bibeln auf den Knien. Beermann benutzte seine Luther-Ausgabe, Vikarin Kathrin Engelhart bevorzugte eine neue Übersetzung aus feministischer Perspektive. Sie war seit einer Woche im Pfarramt und Beermann zur Ausbildung anvertraut und er hatte sie zu einem biblischen Textgespräch vor ihrer ersten Predigt gebeten. Einen exegetischen Diskurs auf Augenhöhe stellte er sich vor, wobei er sich selber Zurückhaltung auferlegte. Er wollte nicht glänzen und auch nicht belehren. Sein professioneller Vorsprung würde sich von allein zeigen, es brauchte keine Demonstrationen dazu.

Vikarin Engelhart hatte ihr Haar zum Pferdeschwanz gebunden und trug ein beigefarbenes Top über verschossenen, an beiden Beinen durch ausgefranste Löcher veredelten Jeans. Sie blätterte in ihrem Buch und streifte Beermann mit kritischem Blick. »Versteh gar nicht, dass Sie immer noch den alten Luther verwenden«, sagte sie.

»Sie nehmen lieber die ›Bibel in gerechter Sprache‹«, entgegnete Beermann. »Ich dachte immer, dass Sprache korrekt oder fehlerhaft sein kann, aber nicht moralisch, weder gerecht noch ungerecht.«

»Das ist es ja gerade«, konterte die Vikarin prompt, »dass Männer überhaupt kein Gefühl dafür haben, wie ausgrenzend eine Patriarchensprache auf die weibliche Hälfte der Bevölkerung wirken muss.«

Beermann holte tief Luft und schlug vor, den Predigttext anzusehen, die Bergpredigt übers Beten. Eine Weile schwiegen sie bei stiller Lektüre, dann bat Beermann die Vikarin, ihre Übersetzungsversion laut zu lesen. Sie begann: »›Du, Gott, bist uns Vater und Mutter im Himmel…‹« Beermann ertappte sich dabei, dass er die Lesung am liebsten gleich unterbrochen hätte und dass es ihm unmöglich war, weiter hinzuhören. Als die Vikarin geendet hatte, legte er los: »›Du, Gott, bist uns Vater und Mutter im Himmel…‹ Hier stock ich schon, wer hilft mir weiter fort? Dass ›Gott‹ als Begriff im Urtext gar nicht vorkommt, kann ja noch hingenommen werden, weil anscheinend gar nicht übersetzt, sondern paraphrasiert werden soll. Auch, dass sprachlich aus einer eindeutigen Anrede (›Vater unser‹) eine zweideutige Erklärung (›Du bist uns…‹) gemacht wird, kann ich verkraften. Aber ›Vater und Mutter im Himmel‹? Warum nicht gleich Oma und Opa dazu? Sonst könnten sich doch die Alten am Ende ausgegrenzt fühlen. Nein, meine Teure, eine Übersetzung ist eine philologische Aufgabe und kein therapeutisches Experiment.«

»Ihre ›Teure‹ bin ich nicht, Herr Beermann, und lege auch keinen Wert darauf, zu einem Bruchteil Ihres sexistischen Weltbildes zu werden«, sagte die Vikarin kühl und schloss ihre Bibel. »Ich bin dafür, unseren Versuch fürs erste abzubrechen. Kann mir nicht vorstellen, dass beim Meinungsaustausch mit Ihnen irgendetwas Wichtiges für meine Sonntagspredigt herausspringen sollte.«

Die Tür schlug hinter ihr zu, und Beermann hockte verblüfft auf seinem Stuhl, als sei ihm eine Ohrfeige verpasst worden. Sexistisch also. Er war einer von denen, die Frauen mobbten? Sie aus tiefstem Herzen verachteten? Der ihnen bei jeder Gelegenheit zu verstehen gab, dass sie fehl am Platze waren? Und zwar fehl an jedem Platz, wo ein bisschen Grips und ein bisschen Führungsqualität gefragt sind? Seinen Luther legte er beiseite. Das konnte ja noch heiter werden mit der Neuen, die von allen Angelegenheiten des Pfarramtes keinen Schimmer hatte, aber die Frechheit aufbrachte, ihn wie einen dummen Jungen zu behandeln. Er merkte, wie es zu kochen anfing in ihm. Vielleicht sollte er sofort den Dekan benachrichtigen, dass eine Zusammenarbeit mit Frau Engelhart unmöglich sei und dass er um einen anderen Vikar, ja, ausdrücklich einen Vikar bitte. Er unterließ es, weil er rechtzeitig die Gefahr erkannte, sich ziemlich übel zu blamieren.

Ins Sekretariat wollte er momentan auch nicht. Eine feixende Brotbeck, die womöglich noch Andeutungen von der empörten Vikarin aufgeschnappt und wie ein Praliné gelutscht hatte, wäre ihm zu viel geworden. Darum setzte er sich hinter seinen Schreibtisch und blätterte in der Tageszeitung. Den Bericht über die verbrannte Ausstellung des Kollegen Hus und dessen eigene Verletzungen entdeckte er im Lokalteil und las ihn mit wachsender Aufmerksamkeit.

Die Polizei zweifelte nicht daran, dass ein Anschlag stattgefunden hatte. Beermann kam in den Sinn, dass bei einer Terroraktion immer von einem ›feigen Anschlag‹ die Rede war. Hier also bloß von einem Anschlag. Auf Pfarrer Hus persönlich oder auf seine Ausstellung. Die von außen verriegelte Kellertür war der deutlichste Hinweis. Dazu die rasante Geschwindigkeit der Brandentwicklung. Es mussten Beschleuniger benutzt worden sein, absichtlich und gezielt vergossenes Benzin. Dass Hus nichts davon bemerkt hatte, war seiner intensiven Beschäftigung an einer Vitrine zuzuschreiben. Außerdem hörte er schlecht und trug nur bei Auftritten in der Öffentlichkeit ein Hörgerät.

Ungeklärt blieben vorläufig die Umstände seiner Rettung. Irgendjemand musste die verschlossene Tür im letzten Augenblick geöffnet und den bereits Bewusstlosen ins Freie geschleppt haben. Möglicherweise der Brandstifter selbst. Es hatte jedenfalls einen anonymen Notruf gegeben, mit exakter Angabe des Tatortes, sodass der Verletzte rasch aufgefunden und geborgen werden konnte. Auf der Intensivstation wurden erste Äußerungen von ihm festgehalten.

Sie waren widersprüchlich und brachten nicht viel Licht in die Sache. Ein Polizeisprecher betonte, dass jetzt in erster Linie nach dem Brandstifter gefahndet werde. Aber dazu sei es vordringlich herauszufinden, ob der Anschlag nun der Person des Pfarrers oder den Objekten seiner Ausstellung gegolten habe. Wurde Pfarrer Hus nur zufällig ein Opfer des Feuers, weil er sich unglücklicherweise in seiner ›Krypta‹ aufhielt, die zerstört werden sollte? Oder verbrannte der größte Teil der Ausstellung, weil der Pfarrer in seinem geliebten Kellerraum am leichtesten anzutreffen und zu erledigen war?

Zum monatlichen Konvent seiner Pfarrerschaft hatte der Dekan einen Hirnforscher eingeladen. Berichte über sensationelle Forschungsergebnisse hatten zu Debatten geführt, allerdings auch Kopfschütteln hervorgerufen. Im menschlichen Gehirn sei eine Art *Gotteszelle* entdeckt worden, hieß es, eine kleine gallertartige Zone, die dafür verantwortlich sei, dass beim *homo sapiens* überhaupt religiöse Vorstellungen entstehen und sich verfestigen könnten. Auch mit dem freien Willen sei es nicht so weit her. Experimente hätten ergeben, dass konkrete Entscheidungen im Gehirn bereits konditioniert seien, bevor die handelnde Person sie aktuell vollziehe. Das Thema des Vormittags war reißerisch aufgemacht und hieß: ›Gott – eine Kopfgeburt?‹

Der Referent erwies sich als nüchterner Mann. Er beschränkte sich auf wissenschaftliche Ergebnisse und vermied Ausflüge ins Spekulative. Die versammelten Pfarrer hörten viel über komplizierte Mechanismen im Großhirn und wenig über Ursprünge des Religiösen und über die Sache mit Gott. Die Spannung ließ nach, die Aufmerksamkeit sank, man war nicht Theologe geworden, um ein medizinisches Kolleg abzusitzen.

Die Diskussion nach dem Referat war entsprechend schlapp. Früher als gewöhnlich machte man Pause, schlenderte zu den Kaffeekannen, bildete Gesprächsgrüppchen. Die aufgeworfenen Fragen des Fachreferenten wurden hier und da noch mit einer flapsigen Anmerkung bedacht und verliefen rasch im Sande. Thema wurde jetzt der Anschlag auf den Kollegen Hus. Dass er nicht bloß Freunde hatte in seiner Gemeinde und in der Stadt überhaupt, war ein offenes Geheimnis; doch eine Gewalttätigkeit deswegen mochte niemand annehmen. Ein alter Hase im Kollegium, der immer die Flöhe husten hörte, wusste von einem moralischen Ausrutscher des Mundartpredigers. Da habe es wohl eine Affäre mit einer Kirchengemeinderätin gegeben – einer verheirateten Frau. Genaues wisse niemand, weil man viele Deckel über die pikante Sache gestülpt habe, auch von Seiten des Dekans. Aber unter manchem Deckel brodle es eben, und man wisse nie, zu welchen Schritten ein gehörnter Ehemann oder ein aufgeschreckter Sittenwächter imstande wären. Hus selber sei auf die Angelegenheit überhaupt nicht ansprechbar. Er reagiere sofort allergisch und mache dicht.

Natürlich kam außerdem der zunehmende Vandalismus in Kirchengebäuden zur Sprache. Ein Skandal. Lange Zeit hatte die Herrschaft der Mesner dafür gesorgt, dass die evangelischen Kirchen werktags geschlossen blieben.

Aus mancherlei Gründen. Am Ende war die Bastion gefallen, weil die Öffentlichkeit wenigstens in alten Kirchen nicht allein Gotteshäuser, sondern auch Objekte der Kunstgeschichte sah. Man machte die Tore auf, und herein spazierten nicht nur Kunstsinnige, sondern ebenso Kleinkriminelle und Zerstörungswütige. Den Opferstock zu knacken, war dabei schon eher aus der Mode gekommen. Es musste sich in der Szene herumgesprochen haben, dass es kaum lohnte. Die paar lausigen Münzen, die man kassierte, standen in keinem Verhältnis zum Aufwand, der zu betreiben war, um ihrer habhaft zu werden. Schwerer wog, dass auch entwendet wurde, was eigentlich fest verankert schien. Bilder zum Beispiel. Unlängst hatten Gewitzte den kompletten Seitenflügel eines Triptychons abmontiert und davongeschleppt, obwohl das Ganze durch Alarmanlagen gesichert sein sollte. In einem anderen Fall war die Figur eines Apostels von ihrem Sockel weggebrochen worden, und man rätselte, ob das nun reine Lust am Zerstören war oder ob der steinerne Apostel auf einem schwarzen Kunstmarkt in Bares umgetauscht werden konnte.

Hinzu kamen Schmierereien aller Art: durch Farbbeutel, die wahllos über Wände und Bänke ausgeleert wurden. Oder mit Sprühflaschen, die man einsetzte, um seiner antikirchlichen Gesinnung einen farbigen Ausdruck zu verleihen. Es war sogar vorgekommen, dass in der neu eingerichteten Spielecke für Kinder verschiedene Gegenstände aus Holz angekokelt wurden. Das war keine große Brandstiftung, aber doch ein verächtliches Zündeln. Und jetzt war aus dem Zündeln doch ein massiver Brandanschlag geworden. Beinahe mit Todesfolge.

Nach dem Konvent wurde Beermann von seinem Dekan beiseite genommen: »Sagen sie, was halten Sie von der Geschichte mit Hus?«

Beermann zuckte die Achseln: »Ich weiß es nicht.«

»Aber eine Vorstellung haben Sie doch sicher, Beermann, eine Ahnung, einen Verdacht.«

»Nein.« Beermann stellte sich stur.

Der Dekan tippte ihm vertraulich mit dem Zeigefinger vor die Brust: »Keine falsche Bescheidenheit! Sie mit Ihrem Instinkt. Um nicht zu sagen – mit Ihrer Erfahrung. Weiß doch jeder unter uns. Der Pater Brown in unseren Reihen. Sie haben die gewisse Witterung und sind dem Täter bereits auf der Spur, bevor die anderen ihre Zeitung aufgeschlagen haben, um etwas Neues zu erfahren über den Fall.« Der Dekan lächelte verschwörerisch, und Beermann konstatierte, dass er von ihm noch nie eine Anerkennung über seine theologische Arbeit vernommen hatte.

»Wissen Sie«, entgegnete er deshalb, »ich bin Gemeindepfarrer, und zwar nach Ihrem Urteil vermutlich ein ziemlich mittelmäßiger. Ich erledige meine Hausaufgaben und fühle mich nicht zu Höherem berufen. Gar nicht. Weder auf der kirchlichen Karriereleiter noch anderswo, am wenigsten im Dunstkreis der Kriminalpolizei.«

Der Dekan lächelte immer noch: »Sie brauchen mir nichts zu verraten und auch nichts zu versprechen, natürlich. Aber glauben Sie mir: Ein Kriegsherr kennt seine Pappenheimer und ein Dekan seine Pfarrerskollegen. Nichts für ungut, Beermann. Die Sache mit Hus ist eine seltsame Kiste, und es wäre nicht übel, wenn Sie da mal ein bisschen herumschnüffeln könnten. Ganz unverbindlich und ohne jede Absicht, versteht sich. Übrigens glaube ich nicht an ein Attentat auf Hus selber. Das Feuer zielte bestimmt auf seine Ausstellung. Vielleicht nur auf ein einzelnes Exponat, das eine Provokation darstellte in den Augen des Täters.«

»Mag sein«, erklärte Beermann mit übertriebener Gleichgültigkeit, »die Polizei wird's herausfinden.«

Seinen Besuch hatte Beermann nicht erwartet. Erwin klingelte auch nie an der Pfarramtstür wie andere Schnorrer, die sich auf der ›Durchreise‹ befanden und um ein Butterbrot baten. Gewöhnlich wimmelte Beermann sie ab, bis auf einen, den *Baron*, der nur einmal im Jahr vorstellig wurde, regelmäßig kurz vor Weihnachten. Der Baron achtete peinlich genau auf Kleidung und gute Manieren und verstand es, jedes Mal eine abenteuerliche Schicksalsepisode aus seiner jüngsten Vergangenheit aufzutischen, die phantasiereich erfunden und glänzend komponiert war. Beermann schätzte die Erzählungen des Barons, lud ihn in sein Amtszimmer, glaubte ihm kein Wort und honorierte die Vorstellung mit einem Geldschein. Der Baron war ebenfalls zufrieden, wünschte gesegnete Feiertage und zog davon, um nach Ablauf eines Jahres pünktlich wieder auf der Matte zu erscheinen. Er war der begnadete Gentleman unter den Schnorrern und erwarb sich bei Beermann den Ehrentitel ›Baron‹, weil er die Würde und das besondere Talent eines Münchhausen ausstrahlte.

Erwin war von völlig anderer Art. Nach Möglichkeit mied er die Stadt mit ihrem Menschengewimmel und campierte irgendwo in den Wäldern der näheren Umgebung. Seine Habe trug er in zwei Plastiktüten mit sich herum. Ein Zivilisationsflüchter. Einer, den die Natur ins falsche Zeitalter geworfen hatte und der die Gegenwart als Fremde erlebte. Seine Seele war unbefleckt, mehr oder weniger, sein Inneres jedenfalls reiner als seine äußere Erscheinung. Manchmal hockte er vor Gottesdienstbeginn an der Kirchentür, hielt seinen speckigen Hut hin und schaute verlegen weg, wenn Leute ein paar Münzen hineinwarfen. Erwin war Wahlschwabe, und wenn er sprach, was ihn immer Überwindung kostete, hörte man seine Berliner Herkunft deutlich heraus.

Nun stand er gebeugt wie ein reumütiger Sünder vor dem Pfarrer und machte ein trauriges Gesicht. Beermann fragte, worum es gehe.

»Ja, worum«, sagte Erwin tiefgründig, »et is nu mal so, dat et mir piekst.«

»Und weshalb piekst es, Erwin, und wo überhaupt?«

Er schaute hoch, die Augen aufgerissen wie in plötzlichem Erschrecken: »Im Jewissen, Herr Pfarrer, verstehn Se, im Jewissen, da piekt's mir jewaltich, und det mag ick nich aushalten.«

Gut. Fürs Gewissen war er zweifellos zuständig, der Pfarrer Beermann, und deshalb forderte er seinen Besucher auf, einzutreten und in seinem Amtszimmer Platz zu nehmen. Sekretärin Brotbeck rümpfte missbilligend die Nase, als die beiden an ihrer geöffneten Bürotür vorbeigingen, und tatsächlich gewann Beermann den Eindruck, hinter seinem Gast in einer Wolke von strengen Ausdünstungen zu wandeln.

Gesprächig wurde Erwin nicht. Er ließ seinen Blick über Beermanns Bücherregale schweifen, die hoch bis unter die Decke reichten, und war sichtlich eingeschüchtert von der versammelten Übermacht der Worte.

»Also«, begann Beermann, »warum zwackt es denn im Gewissen?«

Erwin holte tief Luft und wusste mit den Händen nicht wohin. »Nuja«, meinte er zögernd, »is ja nich, weil ick wat verbrochen hätt, Herr Pfarra. Verbrochen hab ick nämlich jarnischt, det müssen Se mir jloben. Bloß jeholfen hab ick, eijentlich nischt andres als jeholfen.«

Beermann reagierte amüsiert: »Aber hören Sie, Erwin, wenn Sie nichts verbrochen, sondern bloß geholfen haben, dann besteht doch überhaupt kein Anlass für ein schlechtes Gewissen.«

»Hab ja auch nischt jesagt von ›schlechtem Jewissen‹«, korrigierte Erwin, »man bloß, dat et mir piekst.«

›Jetzt wird er auch noch spitzfindig‹, dachte Beermann und richtete sich auf ein zähes Zwiegespräch ein, um Erwins Geheimnis zu lüften.

Heraus kam allerdings Überraschendes. Erwin war zufällig auf dem Gehweg über dem Ausstellungskeller vom Kollegen Hus unterwegs gewesen und hatte lautes Rufen und Klopfen gehört. Seiner Gewohnheit, Peinlichkeiten aus dem Weg zu gehen, war er spontan gefolgt und hatte sich schnell aus dem Staub gemacht. Auf der nächsten Parkbank jedoch holte ihn sein Gewissen ein. Es nannte ihn einen ›feijen Hund‹ und klagte ihn der unterlassenen Hilfeleistung an. Richtig empört verfuhr es mit ihm. Also ließ Erwin sich mehr unter Zwang als aus freien Stücken umstimmen, lief zurück, die Kellertreppe hinunter bis zur eisernen Tür, an die vorhin noch mächtig gepoltert wurde. Jetzt polterte nichts und niemand mehr. Es herrschte eine Grabesstille, die Erwin erneut in Schrecken versetzte, sodass er drauf und dran war, sich davonzustehlen. Hätte nur dieses empfindliche Gewissen endlich Ruhe gegeben. Es veranlasste ihn, stark zu bleiben und die Tür zu öffnen. Sie ließ sich aber nicht öffnen. Stattdessen quoll dunkler Rauch unter der Tür hervor, der von einem Brand im Inneren herrühren musste. Erwin rief und erhielt keine Antwort. Er schaute sich hilflos um und entdeckte plötzlich einen großen Schlüssel auf dem Boden neben der Kellertür. Den hob er auf, steckte ihn ins Schloss, die Tür ging auf. Eine grauschwarze, stinkende Wolke überfiel ihn, hüllte ihn vollkommen ein. Ein paar Augenblicke musste er deshalb warten, dann drang er in den Kellerraum ein. Das Feuer ersticken zu wollen, war aussichtslos, und Erwin machte erst gar keine Anstalten dazu. Er suchte einen Menschen und fand ihn zusammengesunken hinter einer Glasvitrine. Ob er noch lebte, war nicht festzustellen. Er zerrte dem Mann die brennende Hose von den Beinen und schleifte ihn auf dem Boden zum Ausgang. Danach schlug er die Kellertür wieder zu. Viel zu aufgeregt, sich mit der geborgenen Person weiter zu befassen, rannte Erwin davon, fand am Park eine der wenigen übriggebliebenen Telefonzellen, opferte zwei Münzen und wählte den Notruf. Dem Beamten verschwieg er seinen Namen, nannte aber den Ort, an welchem ein Schwerverletzter zu finden sei.

Beermann hatte gespannt zugehört und schüttelte am Ende den Kopf: »Eine tapfere Rettungstat, Erwin, aber was ich nicht verstehe: Warum haben Sie sich dünngemacht, statt sich zu melden und gleich zu berichten, wie Sie den Mann aus dem Feuerofen herausgeholt haben?«

Erwin wunderte sich über die Begriffsstutzigkeit eines Pfarrers. »Wissen Se,« erklärte er, »unsereins is meistens der Dumme. Ob de brav bist wie'n halber Engel oder ordentlich was auf'm Kerbholz hast. Du stehst rum und denkst nischt Böses und schon haben se dir beim Wickel und lochen dir ein. Nee, meen Lieba, wenn die mir im Brandkeller anjetroffen hätten, dann wärs doch klar wie dicke Tinte jewesen: Der war's, der alte Herumtreiber, der mit seinem dreckigen Hals und mit seinen löchrigen Hosen. Nee, nee, nich mit mia! Alles hätten se mia in die Schuhe jeschoben, det Feuer und den Anschlag auf'n Menschenleben, weil unsereins, die machen so wat, denen darf man nie über'n Weg trauen, und wenn se wat anjestellt haben, denn mogeln se sich raus und lüjen det Blaue vom Himmel runter. Nee, dazu wollt ick et nich kommen lassen, Herr Pfarra, und wenn det Jewissen« – er klopfte sich theatralisch auf die Brust – »wenn det Jewissen nich so pingelich wär, dann hätt ick auch den Besuch bei Ihnen schön bleiben lassen.«

Beermann schmunzelte, weil er eine derart aufwendige Verteidigungsrede von Erwin nicht erwarten konnte. Er bedankte sich und wies darauf hin, dass er die Polizei informieren müsse. Aber keine Angst, dem Zeugen und Retter werde kein Nachteil erwachsen, dafür bürge er. Man werde ihn vielmehr zum Helden erklären und sicher gebührend entlohnen. Erwin wiegte sein Haupt und blieb skeptisch. Der wahre Brandstifter war also immer noch nicht entdeckt. Ebenso wenig wie sein Tatmotiv.

Am Ausgang trafen sie auf Vikarin Engelhart. Sie trug einen Weidenkorb mit eingekauften Lebensmitteln am Arm, ihren Fahrradhelm auf dem Kopf und musterte Beermanns Gast mit deutlichem Interesse.

»Das ist Erwin, mein alter Freund«, erklärte Beermann.

»Ach so«, erwiderte sie, »alter Freund schon aus der Schule oder erst von der Studentenverbindung?«

Widerwillen gefiel Beermann ihre Schlagfertigkeit: »Er hatte mir Wichtiges zu berichten, hoffentlich habe ich seine Zeit nicht über Gebühr in Anspruch genommen.«

Die Vikarin wandte ihren Blick nicht von den abgewetzten Klamotten des Wohnsitzlosen und sagte: »Es ist Mittag, und ich kann mir vorstellen, dass Sie Hunger haben. Pfarrer Beermann wird wahrscheinlich noch nicht dazu gekommen sein, Sie einzuladen. Wenn Sie Lust haben, kriegen Sie in meiner Wohnung droben was zu essen. Es gibt Bratwürste im Kühlschrank und ein gutes Bier dazu. Und wenn Sie mögen, steht Ihnen außerdem meine Dusche zur Verfügung.«

Erwin machte ein Gesicht, als seien ihm Frauen generell verdächtig und diese hier mit ihrer offensiven Freundlichkeit nachgerade unheimlich. Er sagte keinen Ton, nickte knapp und hastete durch die geöffnete Haustür davon. Beermann grinste und zog sich in sein Amtszimmer zurück. Innerlich triumphierend.

Es war dem Dekan gelungen, Beermann in die Pflicht zu nehmen. Ein Besuch in der Klinik war fällig, als Zeichen der Anteilnahme seitens der Pfarrerschaft, und Beermann sollte der Delegierte sein. Damit sich nicht einer nach dem andern die Klinke des Patientenzimmers in die Hand gab und Hus gehörig auf die Nerven ging. Beermann hatte sich ein Blümchen besorgt und wusste, dass es dem Kranken egal war. Aber irgendwas sollte man in der Hand halten und bei der Begrüßung überreichen können. Ein Losungsbuch oder ein Erbauungsheft wäre viel unpassender gewesen.

Hus lag platt auf dem Rücken und versuchte zu lächeln. »Danke, dass du nach mir siehst«, sagte er, »eine Schönheit war ich nie, aber jetzt bin ich meine eigene Vogelscheuche.«

Seine Stirn war von einem weißen Verband umhüllt, und wo einmal schwarzes Haar gewuchert hatte, war eine schrundig geschwärzte Kopfhaut geblieben. ›Wie eine angebrannte Speckschwarte‹, dachte Beermann. Er rief sich innerlich zur Ordnung und überbrachte die Genesungswünsche der Kollegen. Dabei schaute er heimlich über seine Schulter und fand es erbärmlich, eine blasse Routineübung abzuliefern: Seelsorgebesuch am Krankenbett. Hus nahm es hin, dachte sich vermutlich seinen Teil und dankte artig. Ob Beermann ihm ein Glas Wasser reichen könne, fügte er an. Er trank in kleinen Schlucken und gab das Glas mit seinen umwickelten Händen zurück.

»Hat mich ziemlich übel erwischt, weißt du«, sagte er unter Ächzen, »so ein Feuer gibt einem wirklich einen Vorgeschmack auf die Hölle.«

Beermann wusste nicht, wie er das aufnehmen und kommentieren sollte und entschloss sich, zu schweigen und nur ein bisschen zu nicken.

»Wenn du daliegst wie ein verkohltes Schnitzel in der

Pfanne«, fuhr Hus fort, »dann hast du Zeit nachzudenken. Über tausend Sachen, tausend Möglichkeiten. Und natürlich darüber, warum dir einer so ein Feuer unterm Hintern macht.«

»Und? Hast du was rausgefunden?«

»Naja, rausgefunden. Zuerst wird dir klar, wieviel überhaupt mit dem Feuer herumgespielt wird. Aus Leichtsinn oder böser Absicht. 1938 brannten überall die Synagogen. Und immer stehen irgendwo alte Scheunen in Flammen, Höfe und Fabriken werden abgefackelt, und jeder wittert den Versicherungsbetrug dahinter. Brandsätze werden in Hausflure und Fenster von Flüchtlingsheimen geworfen. Ein Unterhaltungsprogramm, das sich großer Beliebtheit erfreut in den einschlägigen Kreisen. Aber dann sind mir auch traditionellere Methoden eingefallen. Bücherverbrennungen zum Beispiel. Oder Bilderverbrennungen. Weil das Zeug angeblich sittenwidrig sein sollte oder blasphemisch oder sonst irgendwie abartig. War so was denkbar bei meiner Ausstellung? Ich habe mir Stück für Stück durch den Kopf gehen lassen, das nackte Menschenpaar im Paradies, eine Cranach-Kopie. Etwa ein Ärgernis? Eine Abendmahlsszene, in der die Jünger alles andere als andächtig sind, sie schwatzen miteinander, einer rotzt aus der Nase hinter die Sitzbank auf den Boden, wie's kein Bundesliga-Profi besser hinbekäme; einer säuft eine Rotwein-Karaffe leer, als befände er sich bei einem Gelage im Wirtshaus; Kopie eines Gemäldes von Jörg Ratgeb. Möglicher Anstoß für eine empfindsame fromme Seele? Die deshalb mit Feuer vertilgen will, was als religiöse Beleidigung empfunden wird?«

»Kann ich mir nicht vorstellen«, meinte Beermann.

»Ich auch nicht. Aber es gibt noch eine weitere Möglichkeit. Das Feuer als Instrument der Wahrheitsverteidigung. Diese ganze unheilige Inquisition. Meinen Namensvetter haben sie in Konstanz den Flammen übergeben. Wegen vorgeblicher Irrlehren. Alle sogenannten Ketzer waren Kandidaten für den Scheiterhaufen, genauso wie die Hexen. Weil das Feuer reinigt. Es verwandelt Fleisch in Asche, aber es reinigt auch, toll. Reinigt von Sünden und hässlichen Sündenflecken. Und von übler Ansteckungsgefahr. Sogar den armen Spanier Servet haben sie gebraten, weil er nicht exakt die Lehre von der Dreieinigkeit Gottes vertreten hat, wie's der Genfer Reformator Calvin mit den Seinen verlangte. Ein Inquisitionsverfahren mit entsetzlichem Ausgang auf protestantischem Boden, und Melanchthon soll, wenn ich mich nicht täusche, aus dem fernen Wittenberg zustimmend applaudiert haben; wir erinnern nicht gern daran. Das alles ist lange her, Beermann, aber ist es auch vorbei? Ist es nicht eine fatale Versuchung, die tief im Innern von Glaubenseiferern schlummert und plötzlich aufbrechen kann wie eine Eruption?«

»Denkst du, dass man Ketzerisches bei dir finden könnte?«, fragte Beermann.

Hus winkte ab: »Kein Ketzer ahnt oder begreift, was andere ihm vorzuwerfen haben. Der genannte Servet hat noch Choräle angestimmt und laut gebetet, als die Flammen über ihm zusammenschlugen. Weiß ich, was ich verbrochen haben könnte, ohne es zu wollen… Aber irgendeinen Grund muss es doch geben, dass man mir gewaltig einheizt, bis ich beinah draufgehe dabei.«

Beermann überlegte: »Allerdings, ein Grund musste doch herauszufinden sein.«

Morgens um sieben schreckte Beermann auf. Das Telefon läutete und er war entschlossen, es zu ignorieren. Wälzte sich noch einmal im Bett herum und stellte fest, dass Bettina längst aufgestanden und vermutlich aus dem Haus war. Zu ihrem Frühprogramm mit Nordic Walking.

Der Anrufer erwies sich als äußerst beharrlich. Beermann knurrte, tappte endlich in seinen Badelatschen über die Diele und nahm den Hörer auf.

»Ja«, sagte er kurz und unfreundlich, der Partner am anderen Ende der Leitung sollte spüren, dass er zur Unzeit müde Menschen belästigte.

»Flözer hier«, war die Antwort, »Beermann, es ist was passiert. Stell dir vor, wieder ein Brand. Diesmal ein großer. In der Dreifaltigkeitskirche in der Weststadt. Die Feuerwehr hat die halbe Nacht gelöscht. Anscheinend ist der gesamte Chorraum ziemlich verschandelt.«

»Ist ja grässlich«, staunte Beermann, »aber weshalb holst du mich kurz nach Mitternacht aus dem Bett?«

»Weil du hinfahren solltest! Dir die Bescherung ansehen. Kollege Kinzig ist völlig von der Rolle, dass man an ihm und seiner Kirche eine solche Schandtat verüben konnte. Du solltest dir ein Bild von der Geschichte machen, meint der Dekan. Einmal, weil ein Zusammenhang mit dem Brand im Ausstellungskeller bestehen könnte und zum andern, weil deine Vikarin beteiligt ist.«

»Meine Vikarin?«, fragte Beermann bestürzt.

»Irgendwie ja. So viel ich mitgekriegt habe, wirkt sie bei Proben in der Dreifaltigkeitskirche mit, hat gestern am späten Abend den Chorraum zuletzt verlassen, alles abgeschlossen und bei Kinzig übernachtet.«

Beermann fiel aus allen Wolken. Kathrin Engelhart war ihm offiziell zugewiesen, er war ihr Dienstvorgesetzter und hatte keinen Dunst davon, dass sie sich anderswo herumtrieb und sogar nachts bei einem jungen Kollegen in der Weststadt unterkroch.

»Aber Kinzig ist doch verheiratet«, murmelte er ins Telefon.

Keine Antwort. Flözer zog es offensichtlich vor, auf Kommentare zu verzichten.

»Also, wie ist es, kannst du vorbeikommen?«

Beermann wusste, dass er keine Wahl hatte.

»Gegen neun bin ich da«, meldete er und legte den Hörer auf.

Der neugotische Chor war wirklich eine Stätte der Verwüstung. Von gepolsterten Stühlen hinter dem Altar blieben nur verkohlte Reste. Das Kruzifix – ein schwarzer Stumpf. Rußbahnen bis unter die Bögen der Decke. Das Antependium am Altar zusammengeschnurrt zu einem hässlichen Fetzen. Das Stehpult zerbrochen, schwarz. Überall schwamm eine eklige Soße aus Wasser, Schaum und Schmutz über den Boden und verteilte sich die Altarstufen hinunter im Kirchenschiff. Erbärmliche Reste irgendwelcher Kulissen hingen von beschädigten Aufbauten herunter, ehedem bemalte Tücher anscheinend, dazu angesengte

Kostüme. Ein einsamer Helm steckte wie Gesslers Hut auf einer befestigten Eisenstange. Er hatte den Feuersturm unversehrt überstanden.

Die Feuerwehrleute waren abgezogen. Stattdessen bewegten sich mehrere Besucher im Raum, Neugierige und Betroffene, der Pfarrer, die Mesnerin, händeringend, Gemeindemitglieder, die laut ihr Entsetzen bekundeten, Gegenstände aufhoben und wieder fallen ließen. Beermann hielt Ausschau nach seiner Vikarin und entdeckte sie nicht. ›Aus dem Bett wird sie ja wohl sein‹, dachte er grimmig.

Kollege Kinzig eilte auf ihn zu und vollführte Gesten der Fassungslosigkeit: »Was sagen Sie dazu, Beermann, das gibt's doch gar nicht. Brandstiftung in unserer Kirche. Wer veranstaltet denn so was?«

Beermann gab sich Mühe, beruhigend auf den Kollegen einzuwirken. Er fasste ihn um die Schultern und führte ihn langsam übers schwelende Trümmerfeld. »Wichtig ist, dass niemand verletzt wurde«, sagte er, »alles andere ist ersetzbar. Es wird etwas Mühe machen und Kosten verursachen, aber damit werden Sie ja nicht allein gelassen.«

»Nächsten Sonntag sollte die Aufführung sein«, quengelte der Pfarrer.

»Was für eine Aufführung?«

»Na, die mit dem Tanztheater. Hab ich doch im Konvent vorgestellt und dafür geworben.«

Richtig. Beermann erinnerte sich sofort. Eine große Show hatten sie geplant in der Dreifaltigkeitskirche. Eine sakrales Musical gewissermaßen. *David tanzt vor der heiligen Lade*, so oder ähnlich lautete das Thema. Ein Teil der Davidgeschichte sollte zur Aufführung gebracht werden, sein Schicksal an Sauls Hof, natürlich sein Ehebruch mit der schönen Bathseba. Und dann als Höhepunkt das Fest der Ladeeinholung nach Jerusalem. David tanzte, wahrscheinlich durch Drogen aufgeputscht, vor den Trägern der Lade her, und zwar leicht geschürzt, wenn überhaupt, wie die biblische Geschichte zu verstehen gibt. So ganz genau, fand Beermann, würde man's mit der Überlieferung an diesem Punkt wohl nicht nehmen, aber schön was los sollte trotzdem sein im Chorraum und rings um den Altar. Beermann hatte es bereits bei der Ankündigung heftig gegraust, sodass ihm das ganze Unternehmen entfallen war. Jetzt tauchte es plötzlich wieder auf, in ziemlich ramponierter Verfassung. Und erregte nun doch seine Neugier.

»Wer sollte denn den David geben in eurem Spiel?«, fragte er.

Kinzig seufzte: »Na, ich selber.«

›Wirklich eine interessante Lösung‹, dachte Beermann, ›Kollege Kinzig, mit einem Lendenschurz sparsam bedeckt, angeblich oder tatsächlich vollgekifft vor einer Holzkiste umhertanzend, die Israels Wüstenlade darstellen soll.‹ Er schaute auf die verkohlten Reste neben dem Altar. ›Manchmal ist ein Unglück beinahe nötig, um ein anderes zu verhindern‹, überlegte er, ›und am Ende war vielleicht auch noch meine feministische Vikarin ausersehen, die Rolle der schönen Bathseba im Bade auszufüllen und einem heißblütigen Kinzig-David den Kopf zu verdrehen. Absurdes Theater in der Kirche.‹

Auf dem Rückweg grübelte Beermann darüber nach, wie er mit Vikarin Engelhart verfahren sollte. Wie er sie wegen ihrer dienstlichen Verirrungen zur Rede stellen sollte, von den moralischen ganz zu schweigen. Er ahnte, dass es ein Desaster werden könnte. Dass sie sich absolut nicht einschüchtern ließ und ihm trotzig die Stirn bot. Dass sie seine Dienstauffassung als hoffnungslos antiquiert und lächerlich bezeichnete und in puncto Moral einfach nicht verstehen wollte, was ihn störte. Das Resultat würde sein, dass sich in ihren Augen sein autoritäres Pfarrerbild bloß bestätigen und verfestigen würde. Dann hatte er gar nichts erreicht und war obendrein der Depp.

Daheim zog es ihn unwiderstehlich in den Garten. Hier war es still, der reine Friede. Von den Himbeersträuchern zupfte er ein paar Früchte, beroch sie und steckte sie in den Mund. Vielleicht entdeckte er mal wieder einen Schmetterling? Einen Admiral womöglich. Dieses natürliche Wundergebilde aus Farben und Leichtigkeit. Es hätte ihn sehr getröstet in diesem Augenblick, hätte ein zartes Gegengewicht gebildet zu den Hässlichkeiten des Lebens. Aber da war kein Admiral weit und breit. ›So geht's halt beim Pfarrer‹, sinnierte er, ›dass du Trost lieferst, wird selbstverständlich erwartet. Aber wenn du selber Trost brauchst, lässt sich dafür nicht mal ein bunter Falter herbei.‹

Mit Ostendorf, dem Vorsitzenden des Kirchengemeinderats, besprach Beermann alle wesentlichen, die Gemeinde betreffenden Fragen. Auch die Tagesordnung der Sitzungen wurde gemeinsam vorberaten. Wenn möglich bei einem Glas Rotwein und mit einer schwarzen Havanna. Im Prinzip rauchten beide nicht, aber allmählich hatte sich dieses

Ritual herausgebildet, dass sie sich bei ihren Gesprächen in einen würzigblauen Dunst zu hüllen pflegten. Angefangen hatte es damit, dass Beermann von einem dankbaren Konfirmandenvater eine Kiste Zigarren geschenkt bekam. Als er kurz darauf mit Ostendorf zusammensaß und ihn beiläufig fragte, was er mit dem giftigen Zeug anstellen solle, hatte der erwidert: »Aber klar doch, aufrauchen!«

Jetzt saßen sie auf der Pfarrhausterrasse, pafften tapfer und stellten die Punkte zusammen, die bei der nächsten Ratssitzung zu verhandeln waren. Beermann juckte es, in Erfahrung zu bringen, wie Vikarin Engelhart bei den Leuten ankomme. Und Ostendorf zeigte sich nicht abgeneigt, darüber zu reden. Ganz im Gegenteil. Er war vollkommen hingerissen. Ein Jungbrunnen sei ihnen da mitten in ihre alte Hütte gesetzt worden, erklärte er. Eine Frau mit Pfiff. Und mit ausgezeichneten Fähigkeiten, die Menschen anzusprechen, nein, zu begeistern. Alte und junge gleichermaßen. Beermann hatte das Gefühl, zu erblassen bei solchen Lobeshymnen und ein großes Schneckenhaus zu brauchen, in dem er sich verkriechen könnte. Ostendorf setzte währenddessen seine Preislieder fort. Die Predigt der Vikarin am vergangenen Sonntag sei ein Gedicht gewesen. Frei vorgetragen, was man von Beermann gar nicht kenne, dazu sprachlich perfekt, sogar witzig mitunter und von beeindruckender Aussagekraft. Endlich habe man mal zu hören bekommen, wie das uralte Vaterunser heutzutage zu verstehen und zu bewerten sei.

Beermann wagte, zaghaft genug, den Einwand, ob nicht auch andere Stimmen zu vernehmen seien in der Gemeinde.

»Herr Pfarrer«, lachte Ostendorf, »das wissen Sie doch selber: Andere Stimmen sind immer zu vernehmen in der Gemeinde. Aber sie sind gar nicht laut in diesem Fall und sogar ziemlich vereinzelt. Alle, mit denen ich gesprochen habe, waren voller Anerkennung.«

Beermann war's nicht. Er verschwieg, was er eigentlich vorbringen wollte, Unerfreuliches mit der Vikarin, regelrecht Ungezogenes an ihr. Jetzt war nicht die Gelegenheit, Beschwerden vorzutragen und dabei zu hoffen, dass er auch noch Zustimmung fand. Also wechselte er das Thema. Die jüngsten Brandstiftungen hatten für Unruhe gesorgt und allerlei verwegene Erklärungen hervorgebracht. Darüber musste gesprochen werden im Kirchengemeinderat. Wenn die zwei Anschläge miteinander zu tun hatten, war auch ein dritter denkbar in absehbarer Zeit, womöglich in unmittelbarer Nähe.

»Weiß man Neues von den polizeilichen Untersuchungen?«, fragte Ostendorf.

Beermann verneinte. Er wusste tatsächlich nichts. Natürlich war die Polizei mit Ermittlungen beschäftigt, aber solange kein Mensch ums Leben kam, herrschte Routine vor.

Beim Frühstück des folgenden Tages setzte Bettina genau an dem Punkt ein, wo Ostendorf am Abend zuvor aufgehört hatte. Bei der Vikarin nämlich. Sie hätten Tee miteinander getrunken und ein Gespräch unter Frauen gehabt, erzählte sie. Vikarin Engelhart sei ihr bedrückt und unglücklich vorgekommen, zwischendurch sogar den Tränen nah. Sie sei in den Kirchendienst eingetreten mit der Überzeugung, dass sich eine Menge ändern müsse. Und dass sich tatsächlich auch viel ändern lasse. Dabei gehe es ihr nicht um Kosmetisches hier und da, um eine farbige Stola zum schwarzen Talar oder um Tauffeiern an einer Quelle im Wald. Es müsse zu ganz anderen Aufbrüchen kommen, mit radikalen Schnitten, die das Faule und Verkehrte wegnähmen und Platz schafften für junge Pflanzungen. Der ganze Gottesdienst sei ein Altlager, das zur Entrümpelung anstehe. Verdorrte Glaubenslehren seien wie sperrige Barrieren, die alle Wege ins Freie blockierten. Und *unter den Talaren – Muff von tausend Jahren*, dieser alte Spruch aus der Studentenbewegung, damals auf den Universitätsbetrieb bezogen, sei in der Kirche nach wie vor aktuell. Statt die Moderne zu überholen, hechele man ihr hilflos hinterher. Moralisch sei man nicht übers bürgerliche Biedermeier hinausgekommen und eiere bei Fragen praktischer Lebensgestaltung um Fettnäpfchen herum, die man selber aufgestellt habe. Um ein Zeichen dagegen zu setzen, werde sie am kommenden Wochenende ein lesbisches Paar trauen, zwei Frauen aus ihrem Freundeskreis.

Beermann zuckte und verschluckte sich beinah am Kaffee: »Eine Trauung von Lesben? Und wo denn, bitte?«

»Natürlich bei uns in der Kirche«, lächelte Bettina.

»Sie macht, was sie will«, schnaubte Beermann, »und denkt nicht daran, erst mal Rücksprache mit mir zu halten. Allmählich stinkt's mir gewaltig. Sie muss doch wissen, dass nach der Ordnung unserer Landeskirche Trauungen homosexueller Paare unzulässig sind. Das ist Fakt! Man mag drüber denken, wie man will, meinetwegen auch protestieren und sich aufregen, aber einfach ignorieren darf man so eine

Verordnung nicht. Außerdem ist's ein Unding, als Vikarin einen Wackerstein des Anstoßes stemmen zu wollen, der anschließend zuerst ihrem Pfarrer auf die Füße fällt.«

»Das weiß sie selber und es betrübt sie auch«, lenkte Bettina ein. »Sie leidet tatsächlich darunter, dass sie mit dir so schwer übereinkommt. Im Grunde möchte sie keinen Krieg, sondern Frieden.«

»Dann sollte sie sich entsprechend verhalten.«

»Ja, regelkonform, so nennt sie das. Und genau das will sie nicht. Weil Anpassung das Narkosemittel für jede Veränderungsabsicht sei. Wer mit schwarzem Kostüm und gestärktem Beffchen zum Erntedank vor dem Altar stehe, um die Früchtekörbchen der Kindergartenkinder mit gütigem Lächeln entgegenzunehmen, statt den Hungerkindern in Schwarzafrika ein Podium des Aufschreis und der Verzweiflung zu gewähren, der sei schon verloren. Ein Wohlfühlonkel oder eine Trivialitätentante zur Bedienung bürgerlicher Gemütlichkeit.«

»Und die Alternative ist dann, Kollegen und Mitmenschen andauernd vor den Kopf zu stoßen. Sie macht einfach mit in Kinzigs Bibelkomödie, ohne bei mir ein Wort darüber zu verlieren. Sie steigt sogar zu ihm ins Bett, obwohl er verheiratet ist. Möchte bloß wissen, wie die beiden das anfangen.«

»Gar nicht«, sagte Bettina kurz.

»Was soll das heißen: gar nicht?«

»Du bist ein Opfer deiner Phantasien, mein Lieber. Vikarin Engelhart und Pfarrer Kinzig treiben es nicht miteinander, wie du annimmst. Sie sind Cousin und Cousine und haben ein paar Semester in Berlin miteinander studiert.

Dort hat deine Vikarin sich neben der Theologie auch mit anderen Dingen befasst. Zum Beispiel mit der Schauspielerei. Weil ihr das Spaß gemacht hat und weil sie dafür anscheinend auch einiges Talent mitbringt. Und als bei Kinzig die Idee aufkam, eine Art Musical über David auf die Beine zu stellen, hat er sie um Unterstützung gebeten, und sie ist darauf eingegangen. Das ist alles.«

»Alles, naja«, knurrte Beermann, »sie wird schon nicht aufhören, mir das Leben schwer zu machen.«

Im Kirchenbezirk sorgten Fusionspläne an mehreren Stellen für Konfliktstoff. Auch in Beermanns unmittelbarer Nachbarschaft. Die Mitgliederzahl der dortigen Gemeinde näherte sich einer Schwundstufe, die harte Maßnahmen zu verlangen schien. Wegzüge, Todesfälle, nicht zuletzt Kirchenaustritte hatten die Fundamente unterhöhlt. Die alte, nach dem Krieg errichtete und zwischenzeitlich baulich erweiterte Notkirche sollte abgerissen und die Restgemeinde ihrer stärkeren Schwester angegliedert werden. Beermann erklärte, das Programm einer ›Notkirche‹ finde er hinreichend erfüllt. Damals sei's eine Notkirche gewesen, weil man für zu viele Christen Raum benötigte. Jetzt sei's eine Notkirche geworden, weil sie an akutem Christenmangel leide. Im Übrigen halte er nicht viel von Fusionen. Eine magere Kuh werde nicht fett, wenn sie eine zweite magere Kuh verschlinge. Die Metapher war gewagt, fand aber amüsierten Beifall bei Bibelkundigen, die sich an die Josephsträume erinnerten.

Beermanns Kirchengemeinderat nahm die Dinge gelassen. Abgeben würden sie selbstverständlich gar nichts, aber wenn es etwas zu erben gab, wollten sie sich nicht zieren.

In der Nachbargemeinde dagegen kochte der Topf. Beermanns Kollege Wegener war ein harter Knochen, nannte die Verantwortlichen in der Kirchenleitung eine Bande von Raubrittern und sprach von Enteignungsmethoden wie unter einem Terrorregime. Für die lokale Presse waren seine Auslassungen ein gefundenes Fressen, sie durfte sicher sein, mindestens einmal in der Woche einen saftigen Bericht oder eine giftige Glosse vom Pfarrer Wegener abdrucken zu können. Sein gesamter Kirchengemeinderat war zum Widerstand entschlossen und pflegte eine Art von Wagenburgmentalität, die man in Zeiten kirchlicher Erschlaffung gar nicht mehr für möglich gehalten hatte. Dem Prälaten, der sich für ein Gespräch anmelden wollte, hatten sie schlicht keinen Termin eingeräumt, und ihren Dekan deckten sie mit Beschwerdebriefen und mit Eingaben an die Kirchenleitung zu. Insgesamt entwickelten sie den Eindruck, dass es nicht ratsam sei, sich ungebeten ihrem verminten Gelände zu nähern.

Einer der Räte verstieg sich sogar zu dem Bekenntnis, er sei bereit, Gewalt anzuwenden, wenn man die Sache auf die Spitze treibe und ihre Existenz auslöschen wolle. Das hielten viele für lächerlich und für reines Maulheldentum, doch Beermann wandte ein, er sähe das vielleicht ähnlich, wenn es sich nicht um den Bauunternehmer Lösch handle, dem er allerlei Überraschendes zutraue. Der könne es nämlich nicht ertragen, zu den Verlierern zu zählen und habe es, wie man höre, nicht nur in seinem Gewerbe gelernt, mit

Zähnen und Klauen zu kämpfen. Auf platte Art handgreiflich dürfte er wohl nicht werden, aber man könne durchaus gespannt sein, was für Sprengsätze er im Zweifelsfall zu zünden wisse.

Und ein Sprengsatz ging am Wochenende tatsächlich hoch. Ganz in Beermanns Nähe und auf dem Terrain seiner Zuständigkeit.

Es geschah am Freitagabend. Vikarin Engelhart hatte nach heftiger Auseinandersetzung mit Beermann ihr lesbisches Trauungsvorhaben durchgesetzt. Sie nehme alles auf ihre Kappe, hatte sie erklärt, und werde notfalls behaupten, sie habe den ahnungslosen Pfarrer vor vollendete Tatsachen gestellt. Beermann hatte am Ende bloß noch den Kopf geschüttelt und seinen Widerstand resigniert aufgegeben.

Die Vikarin traf ihre Vorbereitungen. Sie hatte Blumen besorgt und rückte sie in einer Vase neben den Altar. Kopierte Handzettel mit der Liturgie und den Liedtexten legte sie in den ersten zwei Stuhlreihen aus. Viele Gäste wurden nicht erwartet, der engste Freundeskreis des Paares, dazu einige Familienangehörige. Die Trauung sollte am Samstag, nachmittags um drei, stattfinden. Ohne Geläut, wie Beermann gewünscht hatte.

Als die Vikarin sich am späten Freitag in der Sakristei aufhielt, um in einer Kanne Wasser für die Blumen am Altar zu holen, wurde sie von Geräuschen in der Kirche überrascht. Sie meinte, Schritte zu hören, anschließend wurde ein Stuhl verrückt. Sie wartete und horchte. Die Außentür hatte sie nicht abgeschlossen, da konnte jeder beliebige Spaziergänger hereingekommen sein, um sich ein wenig umzusehen oder auf einem Sitz auszuruhen. Kein Grund zur Sorge, zumal sie überhaupt nicht zur Ängstlichkeit neigte. Sie hantierte weiter in der Sakristei herum, stapelte Gesangbücher und kehrte in den Kirchenraum zurück. Gerade, als dort die Eingangstür ins Schloss fiel. Also war jemand da gewesen und hatte sich nach kurzem Aufenthalt wieder entfernt. Warum auch nicht? Vikarin Engelhart hielt es trotzdem für angebracht, die Kirchentür zu verschließen, immerhin war es nach neun am Abend und längst dunkel draußen. Sie nahm ihr Schlüsselbund und marschierte durchs Kirchenschiff zum Ausgang. Die Tür öffnete sie, um einen Blick hinauszuwerfen und festzustellen, ob jemand vor der Kirche anzutreffen war. Aber da stand oder ging niemand. Auch im Scheinwerferlicht vorbeifahrender Autos war nichts zu entdecken. ›Merkwürdig‹, dachte sie, steckte den Schlüssel von innen ins Schloss und riegelte ab.

Im selben Augenblick erlosch das Deckenlicht in der Kirche. Um sie herum war plötzlich Nacht. Bloß von der Sakristei her fiel aus der angelehnten Tür ein schmaler Lichtstreifen auf den Altar. Ein Kurzschluss war also auszuschließen, eine sonstige Panne nicht gut vorstellbar. Jemand musste die Lichtschalter, die sich für die gesamte Kirchenbeleuchtung in der Sakristei befanden, unverhofft bedient und den Raum verdunkelt haben. Die Vikarin dachte an Beermann und den Mesner und rief ihre Namen. Keine Antwort. Also ein Fremder. Aber warum und mit welchem Ziel machte er sich an der Beleuchtung zu schaffen?

Mit zunehmend mulmigem Gefühl hangelte sich die Vikarin an den Stuhlreihen entlang nach vorn. Sie schlich auf leisen Sohlen und fühlte sich eingehüllt von lastender Stille. Als sie sich vorsichtig der Sakristeitür näherte, ging auch dort das Licht aus. Eine Tür klappte zu, sie nahm an, jetzt allein zu sein. Und war nun auch wirklich erschrocken. Ein Handy oder wenigstens eine Taschenlampe wären hilfreich, dachte sie, als sie sich auf einen Stuhl niederließ, um nachzudenken. ›Schön der Reihe nach‹, sagte sie sich, ›bloß nicht in Panik geraten.‹ Dass ein zufälliger Besucher zunächst in der Kirche und dann in der Sakristei aufgetaucht war und an den Lichtschaltern herumgespielt hatte, war seltsam. Aus irgendeinem Grund musste er nach Plan vorgegangen sein. Möglicherweise war's ein Dieb. Eine geöffnete Sakristei mag schon Gelegenheitsdiebe anlocken, erst recht Profis bei Nacht. Oder sollte es sich am Ende um einen neuen Attentatsversuch handeln, nach diesem ersten auf Hus in seinem Ausstellungskeller und dem zweiten auf den Chorraum in der Dreifaltigkeitskirche? Anschlag eines Serientäters, der auf seine Weise konsequent vorging, auch oder gerade weil er nicht alle Tassen im Schrank hatte?

Nach einer Pause erkannte sie, dass Grübeln nicht weiterhalf. Sie musste den Weg in die Sakristei riskieren, natürlich mit aller gebotenen Vorsicht, musste sich zu den Schaltern vortasten, um bei Licht übersehen zu können, was eigentlich vorgefallen war. Als sie sich erhob, fiel ihr auf, dass sie zitterte. Bemühungen, sich selbst zu beruhigen mit dem Argument, der ganze Spuk werde wahrscheinlich durch eine banale Erklärung zu Ende gehen, zeitigten keine Wirkung. Der Raum blieb düster und bedrohlich, und ihre

Schritte lenkte sie behutsam dorthin, wo sie den Eingang zur Sakristei erkannte. Sie erreichte ihn endlich, fasste den Türgriff und öffnete. Zwei Treppenstufen, die in das Innere des Raumes führten, stieg sie vorsichtig hinab und stand auf dem Vorleger, der den Boden diagonal überquerte. Sie hielt an und atmete tief, mit einem Gefühl der Erleichterung. Jetzt hatte sie's geschafft, ein paar knappe Schritte waren es zur gegenüberliegenden Wand und zum Schrank mit den Schaltern. Ein Kinderspiel.

Sie tat einen Schritt, stolperte über einen schweren Gegenstand zu ihren Füßen, wurde erschüttert von einer ohrenbetäubenden Detonation und fand sich, eingehüllt in grell leuchtende Helligkeit, mit Wucht beiseite geworfen. ›Jetzt wird es doch nichts mit der Lesbentrauung‹, kam es ihr in den Sinn und sie wunderte sich, dass sie gerade daran dachte. Die Feuerglocke um ihren Leib zersplitterte in zahllose Stücke. Sie gruben sich glühend in ihr Fleisch. Dabei spürte sie ein großes Verlangen nach Dunkelheit und Stille. Kurz darauf spürte sie nichts mehr.

Erstaunlich schnell war die Feuerwehr mit zwei Löschzügen zur Stelle und bekämpfte die Flammen, die aus dem geborstenen Seitenfenster der Sakristei und aus der aufgesprengten Tür herausschlugen. Mit Mühe gelang es den Männern, ein Übergreifen des Feuers auf das Innere der Kirche zu verhindern. Als es möglich wurde, die zerstörte Sakristei zu betreten, machten sie einen grausigen Fund. Wie von gewaltiger Hand neben das Waschbecken in die Ecke geschleudert, lag eine Leiche, offensichtlich eine Frau, die entsetzlich zugerichtet war. Nicht allein das Feuer hatte seine Wirkung getan, es musste auch eine Explosion gegeben haben, wodurch Unterleib und Beine der Toten grässlich verstümmelt worden waren.

Die Nacht wurde heftig. Beermann hatte sich bei einer Sitzung des Fachausschusses für Flüchtlingsfragen aufgehalten, als sein Handy in der Tasche brummte und er den Saal verließ. Es habe eine schwere Explosion in der Sakristei gegeben, lautete die Nachricht. Vikarin Engelhart sei dabei umgekommen.

Beermann schaltete das Handy aus und starrte gegen die Betonwand im Foyer. ›Ich hatte nicht mal Zeit, sie richtig kennenzulernen‹, schoss es ihm durch den Kopf. Er dachte an ihre Begegnungen, an Meinungsverschiedenheiten, seine eigene Gereiztheit, seine Ablehnung. Sie hatte ihn provoziert, und er hatte sie geschulmeistert. Offenbar funkten beide auf verschiedenen Wellen. Aber nun war sie tot und er lebte. Er spürte den Stachel, erbärmlich versagt zu haben. Dienstlich und menschlich. Die Zeit für Entschuldigungen, für klärende Gespräche, war jetzt vorbei. Endgültig. Er fühlte sich erbärmlich.

Ohne in den Sitzungsraum zurückzukehren, griff er seinen Regenmantel und lief in die Tiefgarage. Natürlich musste er umgehend an den Ort der Katastrophe, keine Frage. Aber er merkte auch, dass es ihm schwer wurde. Kräfte in ihm begehrten auf gegen die selbstverständliche Pflicht. Sie flüsterten ihm ein, dass es womöglich vermeidbar wäre, das Schaurige aus der Nähe ansehen zu müssen. Heimliche Stimmen der Versuchung in seiner plötzlichen Wüste. Beermann brachte sie mit Mühe zum Schweigen, stieg in seinen Wagen und steuerte mit überhöhter Geschwindigkeit den Ort des Verbrechens an, seine Kirche.

Schon vor dem Ziel wurde er aufgehalten. Er sah die flackernden Lichter von Feuerwehr und Polizei, Absperrungen quer über die Straße, einen Posten, der ihn anwies, kehrt zu machen. Beermann ließ das Seitenfenster herunter und erklärte dem Uniformierten, er sei der zuständige Pfarrer und müsse zur Kirche. In Ordnung, bekam er zur Antwort, aber nicht mit dem Auto: »Gehen Sie bitte zu Fuß!«

Beermann drehte um, suchte eine Parkgelegenheit und stellte den Wagen genervt auf verbotenem Gelände ab, halb auf dem Gehsteig, halb in einer Garageneinfahrt. Er überwand die Absperrung und hastete zur Kirche, bei der ein ungewohnt reger Betrieb herrschte. Feuerwehrleute schleppten Schläuche umher, Sanitäter liefen durcheinander und eine Gruppe von Polizisten stand da und besprach anscheinend die Lage. Um Beermann kümmerte sich keiner. Er hatte auch selber keine Lust, sich bemerkbar zu machen und irgendwo Auskünfte einzuholen. Er bewegte sich wie im Traum. Trat seitlich an der Kirche vorbei ein paar Schritte auf die Sakristei zu, deren Tür beiseite geschleudert worden war. Ein Scheinwerfer, vermutlich vom Technischen Hilfswerk installiert, beleuchtete den Zugang, durch den Personen ein und aus gingen. Es roch nach Verbranntem. Vielleicht war die Leiche noch nicht geborgen, weil fällige Untersuchungen vorgenommen werden mussten vor ihrem Abtransport. Beermann wusste auf einmal, dass er die verkohlten Überreste seiner ehemaligen Vikarin nicht sehen wollte. Dass er überhaupt nichts sehen und jetzt auch mit keinem Menschen reden wollte. Er folgte dem drängenden Impuls, sich davonzustehlen, drückte sich an der Kirchenwand vorbei ins Freie, zog seinen Kopf zwischen die Schultern und schlenderte in gespielter Teilnahmslosigkeit durch die Szene. Hinter der Absperrung beschleunigte er seinen Schritt, fing an zu laufen, bis er außer Atem kam, rettete sich in den Stadtpark und warf sich auf eine Bank. Er war vollkommen außer sich. Wusste, dass falsch war, was er im Augenblick tat, und genauso, dass ihm der Mut fehlte, sich zu stellen. Ja, genau dies war es: das lastende Gefühl, sich stellen zu müssen. Sich den Blicken stellen, die ihn treffen würden, von vielen Seiten her, und in denen die pure Neugier glitzerte. Und zu Fragen würde er Stellung beziehen müssen, lauter Fragen, die sein dienstliches und sein persönliches Verhältnis zu seiner Vikarin betrafen und in denen der Argwohn nistete, dass er doch einen Anteil haben dürfte am gewaltsamen Tod der jungen Frau. Es waren Fragen, die in ihm selbst aufstiegen wie giftige Blasen, und er wusste es.

Als er wieder zu Atem gekommen war, sprang er von der Parkbank auf und stürmte weiter, ein Getriebener, der es nirgendwo aushält. Er durchquerte Straßen, in denen er sich noch nie bewegt hatte, und war ziellos unterwegs, als käme es nur darauf an, den Raum zu erweitern zwischen sich und dem Unglücksort. Gedanken daran, wie der Anschlag vor sich gegangen sein mochte und welche Motive, welche Personen dahinterstecken könnten, lagen ihm fern. Dumpfe Panik neigt nicht zu nüchternen Überlegungen.

Die Fassade der Oper war beleuchtet und strahlte in goldgelbem Glanz. Beermann umrundete den flachen Teich, auf dessen Oberfläche sich Lichter der Laternen spiegelten. Nur vereinzelt kamen Passanten vorbei, während unter einem Baum nahe der umzäunten Großbaustelle am Bahnhof Obdachlose mit ihrem armseligen Zubehör campierten. Das Handy in seiner Tasche brummte, und Beermann entschloss sich nach kurzem Zögern, auf Empfang zu gehen. Es war Bettina. Wo er denn abgeblieben sei, wollte sie wissen.

»Am Eckensee«, sagte Beermann.

»Wieso am Eckensee?«, rief Bettina, und ihrer Stimme war leicht zu entnehmen, wie erregt sie war.

»Wieso – weiß ich eigentlich auch nicht«, gab Beermann kleinlaut zur Antwort. Schweigen am anderen Ende der Verbindung. Auch Beermann sagte nichts. Er blickte gedankenlos ein paar Enten hinterher, die sich in ihrem Ruhewinkel des Teichs gestört fühlten und zur Mitte ruderten.

»Weißt du«, begann Bettina nach ihrer Redepause, »hier ist inzwischen das meiste gelaufen. Die Feuerwehr ist abgezogen, und die Barrieren auf der Straße und um die Kirche wurden beseitigt. Die Sakristei wurde verschlossen, soweit sich das machen ließ, auch die Sanitäter sind weg. Bloß ein paar Polizisten suchen noch mit Taschenlampen die Umgebung ab, ihr Wagen parkt bei uns auf dem Hof… Helmut, hörst du mich?«

Sie hatte langsam gesprochen, behutsam und mit sanfter Stimme, wie man mit einem Kranken oder Verstörten redet, den man beruhigen und ins Vertrauen ziehen möchte.

Beermann war das nicht entgangen, er ließ sich aber den Tonfall und die Erklärungen seiner Frau gefallen und sagte nur: »Ja, ich höre dich.«

»Weißt du was?«, fuhr Bettina fort. »Ich komme gleich und hole dich ab. Mit dem Taxi bin ich in wenigen Minuten da. Bleib du nur so lange am Eckensee.«

»Nein«, widersprach Beermann, »du musst mich nicht abholen. Ich bin etwas durcheinander, ja, war auch ziemlich geschockt, wie man den Zustand nennt, aber ich komme allmählich wieder in die Spur. Das Laufen hat mir gut getan und der Abstand, den ich gebraucht habe. Mach dir keine Sorgen, in einer guten Stunde bin ich zurück. Aber ich möchte nachher niemanden sehen und mit niemandem reden.«

»Außer mit mir«, ergänzte Bettina.

Beermann murmelte zustimmend: »Richtig. Außer mit dir.«

Er beeilte sich nicht auf dem Rückweg, nahm auch kein Taxi oder die Bahn, sondern nutzte den Gang zum allmählichen Ausstieg aus seiner Fassungslosigkeit.

Bettina zeigte sich milde und fürsorglich, umarmte ihn wie einen nach langer Abwesenheit Heimgekehrten, führte ihn ins Wohnzimmer und ließ ihn Platz nehmen im Sessel vor dem runden Couchtisch. Teetassen standen bereit, und Bettina schenkte ein. Sie gab sich ungezwungen, als sei dieses Beisammensein am späten Abend die gewöhnlichste Sache der Welt, aus den Augenwinkeln aber beobachtete sie ihren Mann, den der mörderische Anschlag getroffen und durchgeschüttelt haben musste wie nichts zuvor.

»Ich kann noch paar Brote schmieren«, sagte sie.

Beermann dankte. Der Tee tue gut, Appetit habe er nicht. Er streckte die Beine aus und streifte die Schuhe von den Füßen. Im Raum schaute er sich um, als sei er ihm unvertraut mit seinem Mobiliar, den Bildern an der Wand, dem Strauß gelber Rosen neben dem Fernseher.

»Wenn du mich irgendwo draußen gefragt hättest, was für Bilder in unserem Wohnzimmer hängen«, begann er nachdenklich, »ich hätte passen müssen. Nein, nicht ganz, von Noldes Strandansicht hätte ich gewusst. Aber sonst – Fehlanzeige. Es gibt Bilder, die haben wir immer vor Augen und sehen sie nicht. Und andere Bilder, die sahen wir nie mit den Augen, aber sie haben sich eingebrannt in uns wie mit glühenden Nadeln, und wir werden sie nicht los.«

Bettina wartete. Sie wollte sich darauf beschränken, in seiner Nähe zu sein und zuzuhören.

»Ich habe die Tote nicht gesehen«, fuhr Beermann leise fort, »nicht in Wirklichkeit. Ich wollte zu ihr, aber ich schaffte es nicht. Nicht bis ins Innere der Sakristei. Ich war bei der Kirche, dann packte mich die Angst oder das Entsetzen, und ich bin davongelaufen, stell dir vor, ziellos auf und davon, ein armseliger Deserteur vor dem Feind.«

Bettina rückte dicht heran und fasste seine Hand.

»Und das Seltsame«, setzte Beermann erneut an, »das Seltsame ist, dass so ein Weglaufen tatsächlich helfen kann. Wenn du es merkst, fängst du an, dich zu schämen, aber wenn du anfängst, dich zu schämen, lässt die panische Verstörung bereits nach.«

Er vermied es, Bettina offen ins Gesicht zu sehen, legte jedoch sacht seine Hand auf ihre.

»Ich habe gelernt, wie wichtig es ist, Abschied nehmen zu können«, sagte er, »auch und erst recht den endgültigen. Diese Gelegenheit, um zu klären, was vorher ungeklärt, auch unausgesprochen blieb vor lauter Dummheit und gekränktem Eigensinn. Mit der Vikarin hätte ich einiges zu bereinigen gehabt. Einiges banale und überflüssige Zeug. Wenn es zum Abschied kommt, steht man plötzlich wie auf einem himmelhohen Gipfel und gewinnt einen gewaltigen Überblick, und alle Dinge des Lebens bewegen sich tief unter den Füßen und schrumpfen in ihrer Bedeutung. Du wirst in einem guten Sinne erhaben darüber. Und weil das so ist, wirst du frei wie in keiner Stunde deines Lebens sonst.«

Beermann machte eine Pause und streichelte Bettinas Hand.

»Ein Abschied von Kathrin Engelhart hat sich nicht ergeben«, sagte er leise, »kein vorläufiger nach dem Ende ihrer Dienstzeit bei uns und kein endgültiger vor ihrem Tod. Da ist kein Gipfel, auf dem ich stehen und umherschauen könnte, um eine große Freiheit zu empfinden. Es ist bloß ein Loch, in das ich plötzlich hineingestürzt bin. Und ich muss versuchen, da wieder herauszukommen.«

Bettina goss Tee nach und schwieg beharrlich. Sie hatte gemerkt, dass Beermann wie gefangen in einem Netz mit sich selbst beschäftigt war. Der Vorgang und die Umstände des Anschlags schienen ihn nicht zu berühren. Jedenfalls sprach er nicht davon und fragte auch nicht, was sie erfahren habe. Dass die Vikarin das Opfer eines Bombenattentats geworden war, wusste er. Aber seine Kraft reichte im

Augenblick nicht, Überlegungen darüber anzustellen, wie es zu dem Verbrechen gekommen war. Bei ihm stand die Schuld anderer vorerst zurück hinter dem peinigenden Gefühl eigener Schuld und hinter der Anstrengung, damit fertig zu werden.

Als sie noch eine geraume Zeit beieinander gesessen hatten, in einer ganz seltenen Gemeinschaft des Schweigens, sagte Bettina endlich: »Du, Helmut, es ist spät. Sollten wir nicht versuchen, uns hinzulegen? Ein paar Stunden Schlaf könnten dir helfen und mir auch. Morgen sollten wir bei Kräften sein, weil mancherlei zur Erledigung ansteht. Parler hat sich bereits für den frühen Vormittag angekündigt.«

»Ja, Parler«, brummte Beermann, »Hauptkommissar Parler. Er ist wie ein Schatten, der mich verfolgt.«

Lange vermochte er nicht einzuschlafen, empfand jedoch Bettinas gleichmäßige Atemzüge wie eine Einladung, zur Ruhe zu kommen. Irgendwann jedoch stand er geräuschlos auf, begab sich in die Küche, verzehrte ein Marmeladenbrot, besuchte das Klo und kroch zurück ins Bett. Er starrte an die Zimmerdecke, bis ihm die Augen zufielen.

Gegen Morgen schreckte er auf und brauchte etwas Zeit zu rekonstruieren, was sich in seinem Traum abgespielt hatte. Er war verhaftet und in Ketten gelegt worden. Maskierte Schergen drangen in sein Verließ ein, nahmen seine Ketten ab und schleppten ihn in einen kalten hohen Gerichtssaal, unter dessen Kuppel ein einsamer Thron aus purem Gold stand. Darauf saß der Herrscher. Er trug eine Krone und ein Gewand von der Art orientalischer Könige und verlangte mit gebieterischer Geste, dass der Gefangene auf dem Boden niederknien sollte. Dann eröffnete er das Verhör. Es bestand nur aus einer Feststellung und einer Frage. Die Feststellung besagte: Wir leben in einem Reich, das mächtig geworden ist, weil es Männer mehr ehrt als Frauen. Und die Frage hieß: Bekennst du ebenso wie wir alle im Staat, dass Frauen minderwertige Kreaturen sind? – Der Beschuldigte kniete, aber seinen Oberkörper richtete er feierlich auf im Bewusstsein, ein persönliches Bekenntnis abzuliefern, das ihn das Leben kosten sollte. »Ich bekenne«, erklärte er mit fester Stimme, »ein Freund der Frauen zu sein. Ich war es immer und werde es bleiben, auch wenn du mich deswegen schuldig sprichst.«

Der Herrscher verfärbte sich, winkte seinen Dienern und verkündete sein Urteil: »Er hat sich selber schuldig gesprochen, weil er die sittliche Wertordnung unseres Reiches verneint. Fort mit ihm aus meinen Augen! In den Feuerofen mit ihm! Weil er mir frech die Stirn bietet und das geringste Anzeichen von Reue vermissen lässt, soll man den Ofen siebenmal stärker erhitzen als gewöhnlich und soll seine Arme und Füße binden.«

So wurde er unverzüglich ergriffen, gefesselt und durch eine eiserne Tür in den Gerichtsofen geworfen, in dem die Flammen loderten. Doch das Merkwürdige war, dass ihn die Flammen nicht erreichten, nicht einmal die Hitze vermochte ihm zuzusetzen. Kein Haar auf seinem Haupt wurde versengt, kein Zipfel seines Kleides fing Feuer. Er befand sich wie in einem unantastbaren Gehäuse von Geborgenheit. Und als er sich umschaute, erkannte er eine engelgleiche Gestalt, die hinter seinem Rücken stand und beide

Hände wie zum Segen erhoben über seinen Kopf hielt. Sie sagte nichts, aber sie lächelte ihm zu, und der Gefesselte erkannte ihre Züge. Sie gehörten der Vikarin Kathrin Engelhart.

Beermann richtete sich auf, rieb seine Augen und begab sich ins Bad. Er steckte seinen Kopf unters kalte Wasser und sah in den Spiegel. In der Geschichte von den drei Männern im babylonischen Feuerofen ist es ausdrücklich ein Engel, der den Flammen wehrt und die Opfer vor dem Verbrennungstod bewahrt, dachte er. Im Feuerofen unserer Sakristei erschien kein Engel, der geholfen hätte. Und keine Macht vom Himmel oder von der Erde hat den Mördern Einhalt geboten.

Am Samstag stand Parler schon um neun auf der Matte. Bettina musste ihm zur Kenntnis gebracht haben, dass Beermann sich in einem angegriffenen und labilen Zustand befinde, denn Parler kam wie auf Samtpfoten daher. Er eröffnete das Gespräch mit Zeugnissen eigener Betroffenheit und versicherte, er wolle jetzt nur ein paar Fragen stellen, wenn Beermann sich in der Lage sehe, darauf einzugehen.

Beermann nickte: »Fragen Sie, Parler, ich bin bereit.«

Bettina hatte die Sitzgelegenheiten so angeordnet, dass beide, schräg zueinander platziert, einen Blick ins Freie hatten.

»Samstag ist sonst kein Tag, an dem ich herumlaufe und polizeiliche Ermittlungen anstelle«, sagte Parler. »Samstag ist Familientag bei uns. Mit Einkäufen in der Stadt, auch mal mit Ausflügen in die nähere Umgebung. Ein willkommener Kurzurlaub.«

Beermann blickte aus dem Fenster und reagierte nicht.

»Aber es gibt Anlässe, die verlangen, dass man sich seine Arbeitskluft überzieht, ob es nun Samstag ist oder nicht. Fälle von besonderer Brisanz, wie wir sagen. Unaufschiebbares.«

Beermann schaute vor sich hin: »Ich verstehe. Fragen Sie nur.«

Parler suchte nach einem geschickten Einstieg und begann: »Sagen Sie, hatten Sie vor dem erfolgten Anschlag irgendeine Vermutung, dass Ihre Vikarin das Ziel von – na ja, sagen wir, von Gehässigkeiten oder von Vergeltungsabsichten werden könnte?«

Beermann sah unverändert in seinen Schoß, als zähle er etwas von den Fingern seiner Hände ab. »Nein«, sagte er, »es gab keine derartige Vermutung.«

»In der Gemeinde war Frau Engelhart wohl recht beliebt?«

»Soweit ich weiß, ja.«

»Keine Einschränkung? Niemand, der Probleme mit ihr hatte oder dem ihre Person, ihr Verhalten missfiel?«

Beermann spürte, wie seine Handflächen feucht wurden und wie ihn aufs Neue Schuldgefühle überfielen, denen er während der Nacht kaum entronnen war.

»Probleme mit ihr und ihrem Verhalten hatte wahrscheinlich am meisten ich selber«, sagte er so sachlich, wie es ihm möglich war.

Parler verstummte und hatte nun mit seiner eigenen Verlegenheit zu schaffen. Er rettete sich damit, dass er den aufgenommenen Faden einfach liegen ließ und einen anderen wählte: »Frau Engelhart hatte eine Mutter, die im westfälischen Soest zu Hause ist, wie ich festgestellt habe. War sie mal zu Besuch hier und haben Sie die Frau kennengelernt?«

Beermann verneinte. Das Verhältnis der Vikarin zu ihrer Mutter sei anscheinend nicht so eng gewesen, jedenfalls habe sie nie von ihr erzählt, sie wohl auch nicht zu einem Besuch eingeladen.

»Wie ist sie überhaupt ins Württembergische gekommen?«, fragte Parler. »Wenn ich recht im Bilde bin, verbleiben die Pfarramtskandidaten in der Regel in der Landeskirche ihrer Heimat.«

»Das stimmt«, bestätigte Beermann, »aber es gibt Ausnahmen. Gar nicht so wenige. Die praktizierte Regel ist kein Gesetz. Im Fall von Frau Engelhart waren es nach meiner Kenntnis vor allem private Gründe, die sie nach Württemberg lockten. Ihr Partner wohnt in Ulm.«

»Ahaaa«, machte Parler gedehnt, »in Ulm. War dieser junge Mann häufiger zu Gast in Ihrem Haus?«

»Ich weiß nicht mal, ob es sich um einen *jungen* Mann oder um ein fortgeschrittenes Semester handelt«, gestand Beermann. »Gesehen habe ich ihn nie. Er war auch kein einziges Mal zu Besuch hier, wenn ich das richtig in Erinnerung habe. Allerdings lebte Frau Engelhart auch noch nicht lange bei uns im Pfarrhaus.«

»Der Partner in Ulm«, Parler sagte es vor sich hin wie ein Mantra. »Kennen Sie seinen Namen und wissen Sie, was er treibt?«

»Nachname Franck«, sagte Beermann, »Franck mit ck. Der Vorname liegt mir gerade nicht auf der Zunge, aber Bettina weiß ihn bestimmt. Was er beruflich macht, kann ich nicht genau sagen, irgendwas Spezielles in der Computerbranche. Ach ja, und Theologie studiert hat er auch mal. Hat die Sache aber einige Zeit vor dem Examenstermin abgebrochen. Die Gründe dafür kenne ich nicht.«

»Hm«, machte Parler, »interessant… Zum Schluss für heute noch eines, Pfarrer Beermann. Unsere Experten haben bei der Spurensuche in der Sakristei zwei Anhänger bei der Leiche gefunden. Medaillons, die offenbar fest genug waren, um die Gluthitze zu überstehen. Auf den Medaillons sind farbige Regenbogen erkennbar.«

»Naja«, sagte Beermann, »der Regenbogen ist ein altes Symbol für wichtige Verbindungen. In der Bibel steht er nach der Flutkatastrophe für eine zukunftsgewisse Verbindung zwischen Himmel und Erde, Gott und Mensch samt der übrigen Schöpfung. Ein Hoffnungszeichen. Heutzutage ist der Regenbogen mit seinen Farben auch das Emblem für Schwule und Lesben. Und um gleich Ihrer nächsten Frage vorzugreifen, weshalb man die Medaillons bei der Vikarin finden konnte: Nein, sie war selber nicht lesbisch veranlagt, siehe den Partner in Ulm. Aber sie hatte die Absicht, am heutigen Samstag in unserer Kirche zwei lesbische Frauen aus ihrem Freundeskreis zu trauen.«

Parler stutzte: »Geht denn das? Ich meine, ist das in unserer Landeskirche inzwischen erlaubt?«

»Nein, es ist nicht erlaubt.«

»Ja, und trotzdem… Haben Sie als Dienstvorgesetzter der Vikarin Ihre Erlaubnis erteilt?«

»Nein. Aber ich habe sie auch nicht umgebracht, um den Vollzug dieser verbotenen Handlung zu verhindern.«

Am Sonntag war Flözer eingesprungen, um Beermann zu entlasten. Er hatte als Ersatzgottesdienst eine Andacht im Hof des Gemeindezentrums gehalten, weil die Kirche aus Sicherheitsgründen gesperrt worden war. Man müsse zuerst prüfen, ob durch Explosion und Brand keine Gefahr für Kirchenbesucher entstanden sei. Beermann hatte es vorgezogen, der Andacht fern zu bleiben, konnte aber feststellen, dass die Teilnahme der Gemeinde überwältigend war. Was Ostendorfs Einschätzung bestätigte, dass Kathrin Engelhart eine allseits beliebte Vikarin gewesen war.

Gegen vier am Nachmittag hatte sich Kinzig am Telefon gemeldet und war trotz anfänglicher Bemühungen Beermanns nicht abzuwimmeln gewesen. Er müsse ihn dringend aufsuchen und ein paar Dinge mit ihm bereden, hatte er erklärt. In einer guten halben Stunde könne er da sein.

Nun saßen sie sich auf der Terrasse gegenüber. Beermann hatte die Sache in seinem Amtszimmer abwickeln wollen, aber Bettina erhob Einspruch und meinte, das müsse als abweisende Geste empfunden werden, die vollkommen unangebracht sei. Kinzig war ein junger Kollege in den ersten Amtsjahren, der seine Unsicherheiten mit nervösem Diensteifer überlagerte. Seine Berufsauffassung tendierte dahin, an allen Stellen (und am besten gleichzeitig) gegenwärtig zu sein, zu denen er sich gerufen fühlte. Diese Generalbereitschaft floss in seiner Vorstellung zusammen mit Phantasien eigener Unersetzbarkeit, die für ihn ebenso anstrengende wie lustvolle Wirkungen mit sich brachten. Im Kollegenkreis wurde er als Hans Dampf bezeichnet, der in allen Gassen unterwegs sei, ohne irgendwo Tragfähiges aufzubauen.

Kinzig nippte vom Kaffee, den Bettina vorbeigebracht hatte. Er strich seine lange Mähne zurück, die ihm wiederholt über Stirn und Augen fiel und fuhr mit dem Zeigefinger glättend über den dünnen Lippenbart.

»Herr Beermann«, begann er, »danke, dass Sie sich Zeit nehmen, um mich zu empfangen. Zuletzt sahen wir uns in der Dreifaltigkeitskirche. Die Spuren der Verwüstung im Chor sind immer noch nicht völlig beseitigt. Der Schrecken und die Fassungslosigkeit natürlich auch nicht.«

»Kann ich mir denken«, bestätigte Beermann.

»Der Plan unseres Schauspiels hat sich damit ebenfalls erledigt. Erst gingen die Kulissen in Flammen auf, dann wurde die Regisseurin umgebracht.«

Beermann wartete ab, worauf Kinzig hinaus wollte. Der schien mit einer Reaktion gerechnet zu haben, nahm noch einen Schluck Kaffee, setzte die Tasse mit äußerster Vorsicht ab, als drohe sie zu zerspringen, und konstatierte:

»Herr Beermann, ich wollte Sie unbedingt aufsuchen, weil ich einen Verdacht habe.«

»Ach ja?«, wunderte sich Beermann.

»Und zwar einen Verdacht, der nicht aus der Luft gegriffen ist, wie ich meine. Beim Brandanschlag auf meine Kirche ist er mir noch nicht gekommen. Aber dann nach der verheerenden Explosion in Ihrer Sakristei.«

Er legte eine Pause ein, und Beermann dachte: ›Jetzt wendet der kleine Musical-Produzent den theatralischen Kniff der Spannungssteigerung an.‹

»Kurz gesagt, mein Verdacht ist zweifach«, fuhr Kinzig fort. »Der erste Teil betrifft die hohe Wahrscheinlichkeit, dass beide Angriffe, jener auf meine und dieser auf Ihre

Kirche, aufs engste zusammengehören. Sie galten nicht den Kirchen selber oder deren Inventar, sie waren einzig und allein auf eine Person gerichtet, nämlich auf Vikarin Engelhart.«

Beermann überlegte: »Das ist mir auch schon durch den Kopf gegangen, aber ich habe es wieder *ad acta* gelegt. Beim zweiten Attentat war Frau Engelhart tatsächlich in der Kirche, sodass der Angriff ihr persönlich gegolten haben könnte. Aber in der Dreifaltigkeitskirche war sie doch gar nicht anwesend, als das Unglück passierte.«

»Das stimmt. Beziehungsweise, es stimmt nicht ganz. Meine Cousine war nach der Probe die letzte im Kirchenraum gewesen. Sie hatte die Hauptbeleuchtung ausgeschaltet, aber nicht die Lampen im Chor, die zur technischen Ausstattung unseres Spiels gehörten. Sie wollte noch einmal ins Pfarramt, um ein paar organisatorische Details für die Aufführung mit mir abzustimmen und wollte anschließend zurück in die Kirche, ein paar liegengebliebene Materialien aufräumen, die Lampen löschen und abschließen. In dieser Zwischenzeit erfolgte der Brandanschlag. Der Täter (wenn wir mal von einem Einzeltäter ausgehen) kann durchaus der Meinung gewesen sein, dass sich die Vikarin nach wie vor in der Kirche und dort bei der Theaterbühne im Chor aufhielt.«

»Wie ist er hineingekommen?«

»Kathrin meinte, sie habe die Seitentür zum Chorraum abgeschlossen, als sie sich zum Pfarramt aufmachte. Aber da mag sie sich getäuscht haben. Bei den Untersuchungen nach dem Brand wurde festgestellt, dass die Tür jedenfalls nicht aufgebrochen wurde. Sie war unverschlossen.«

»Eine Einladung für jemand, der einen Brandsatz zünden will. Aber warum? Warum zweimal hintereinander ein Mordversuch an einer jungen Vikarin?«

»Zweimal, weil's beim ersten Anlauf nicht geklappt hat, logisch. Und damit komme ich zu meinem entscheidenden Verdacht.«

Beermann lehnte sich in seinem Sessel zurück und war nun wirklich gespannt.

»Ich habe nämlich eine Ahnung, wer hinter den Anschlägen auf Kathrin stecken könnte« sagte Kinzig. »Im Grunde hat sie mich selber drauf gebracht, als sie mir ein paar Einzelheiten ihres vergangenen Liebeslebens offenbarte. Da ging es vor allem um einen Verflossenen in Berlin, der ihr ziemliche Unannehmlichkeiten machte. ›Achje‹, klagte sie dazu, ›ich habe mich immer an die falschen Männer gehängt.‹«

»Die falschen Männer«, wiederholte Beermann, »sieh mal einer an, und das sogar immer.«

»Der Typ in Berlin gehörte zum Ensemble eines Studententheaters, bei dem Kathrin viele freie Stunden verbrachte. Er war älter als sie, Marke *ewiger Student* oder wenigstens auf dem Weg dorthin, und er muss sich hoffnungslos in meine Cousine verknallt haben. Sie hat ihm zuerst die kalte Schulter gezeigt, dann aber Gefallen gefunden an seinem Werben, und sie kamen sich näher. Bis ihr aufging, dass er ein schwieriger Charakter war, der sich herausnahm, über ihre Zeit und ihren Lebenswandel zu bestimmen, und der ihr mit krankhafter Eifersucht nachstellte.«

»Kein Wunder, dass sie sich daraufhin feministisch orientierte und allergisch auf alle Anzeichen arroganter Männerherrschaft reagierte«, murmelte Beermann vor sich hin. »Hat sie dem Macker den Laufpass erteilt?«

»Ja, hat sie. Aber er hat's nicht akzeptiert. Hat versucht, von seiner Seite her die Beziehung aufrecht zu erhalten, als hätte es überhaupt keinen Bruch gegeben. Praktisch hat er sie bedrängt, hat ihr aufgelauert vor ihrer Wohnung, hat einen regelrechten Telefonterror eröffnet und ihren PC vollgemüllt mit Briefen, zum Teil bettelnd wie ein verstoßener Hund, zum Teil aggressiv wie ein verletzter Stier.«

»Ein Stalker.«

»Ja, zweifellos ein Stalker. Und anscheinend einer von der besonders hartnäckigen Sorte. Völlig resistent gegenüber der Wahrheit. Kathrin hat es am Ende nicht mehr ausgehalten, sie erwog einen Wohnungswechsel in Berlin, hat sich dann aber entschlossen, die Hauptstadt ganz zu verlassen. Ihr Ex-Freund muss das irgendwie mitgekriegt haben, obwohl sie ihm bestimmt keine Silbe darüber mitgeteilt hat, vielleicht hat er's ja auch geahnt. Jedenfalls schickte er ihr mehrere Mails mit der Drohung, es werde ihr niemals gelingen, sich vor ihm zu verstecken. Wohin immer sie abzutauchen versuche, er werde sie finden. Und wenn er sie gefunden habe, werde sie ihres Lebens nicht mehr sicher sein können.«

»Starker Tobak«, sagte Beermann. »Im Allgemeinen gelten Stalker als widerlich, aber nicht unbedingt als lebensgefährlich. Sie treiben psychischen Terror, neigen anscheinend aber weniger zu massiven Angriffen auf Leib und Leben.«

»Es gibt andere Beispiele. Die psychopathische Entwicklung solcher Leute ist wahrscheinlich offen. Möglich sind Prozesse der Radikalisierung, die auch vor einer Gewalttat nicht zurückschreckt.«

»Ja, Radikalisierung«, sagte Beermann nachdenklich, »ein Phänomen, das uns zunehmend beschäftigt. Vor allem, weil es sich nicht auf bestimmte Milieus und auf einzelne geistige und kulturelle Profile eingrenzen lässt. Es ist wie ein Virus, das um sich greift und sich überall festsetzen kann. Mag also schon passieren, dass ein stolzer Liebhaber, der sich gedemütigt fühlt, auf Mittel und Wege sinnt, wie er die Niederlage rückgängig machen und seine Schande tilgen kann. Und dass er, im Fall ärgerlicher Erfolglosigkeit, nach radikaleren Methoden Ausschau hält. Kennen Sie übrigens seinen Namen?«

»Nein, leider nicht. Kathrin hat ihn nicht erwähnt uns wollte das vermutlich auch nicht.«

»Was Sie mir jetzt erzählt haben, darf nicht unter uns bleiben, das werden Sie verstehen. Hauptkommissar Parler, den ich persönlich gut kenne, ist bereits mit dieser ganzen Angelegenheit befasst, und ich werde ihm berichten. Gut möglich, dass er sich anschließend direkt mit Ihnen in Verbindung setzt. Was den Stalker aus Berlin angeht, wird er sicher seine dortigen Kollegen auf Trab bringen. Ein nicht mehr ganz junger Mann in einer studentischen Theatergruppe, der einer verunglückten Liebe nachtrauert, das müsste für die Spürnasen herauszufinden sein, und zwar ohne allzu große Umstände, denke ich.«

»Ich weiß nicht, ob der Mann überhaupt noch in Berlin aufzutreiben ist. Hat er Kathrins Adresse herausbekommen und den Mordanschlag tatsächlich verübt, kann er sich anschließend überallhin abgesetzt haben.«

»Sicher. Aber wenigstens über seinen Namen wird die Berliner Kripo Auskunft erteilen können. – Es gibt allerdings noch einen Punkt, Kinzig, der mich weiter irritiert in diesem Zusammenhang. Und der Punkt heißt Hus. Gehen wir, was ja auf der Hand liegt, von der Vermutung aus, dass die drei Brandanschläge eine Serie darstellen, dann fällt die Sache mit unserem Kollegen Hus deutlich aus dem Rahmen. Hus wäre beinah in seinem Ausstellungskeller verbrannt, aber irgendeine Verbindung zu Kathrin Engelhart und erst recht zu den Motiven ihres psychopathischen Verehrers ist nach meiner Sicht nicht erkennbar. Das passt überhaupt nicht zueinander.«

Kinzig nickte und strich sich ausgiebig über den blonden Lippenbart, schön von der Mitte aus nach links und von der Mitte aus nach rechts.

»Es scheint so zu sein, wie Sie sagen, klar. Aber bekanntlich verhält es sich manchmal so, dass der Schein trügt. Vielleicht haben wir vorläufig einfach zu wenig Kenntnisse über das Ganze. Nicht völlig auszuschließen wäre jedenfalls auch die Möglichkeit, dass die drei Anschläge gar keine echte Serie darstellen. Dass der Fall Hus also gesondert betrachtet und untersucht werden muss.«

Der Vorschlag kam vom Kollegen Flözer. Der rief Mitte der Woche an und erklärte: »Sag mal, mein Lieber, ich höre, dass du dabei bist, den Hieronymus in der Klause zu geben. Zurückgezogen von aller Welt wie ein vertrockneter Eremit. Was ist los? Willst du jetzt immerzu deine Wunden lecken? Und dich bejammern? ›Lebbe geht weiter‹, sagte der jugoslawische Erfolgstrainer in Frankfurt nach herben Niederlagen, und wenn er damit auch keine große Weisheit zum Besten gab, so war's doch richtig. Pass auf, ich hab da eine Idee. Kollege Hus ist vor zwei Tagen aus der Klinik entlassen und in eine Reha verlegt worden, Waldkirch im Südschwarzwald, nicht weit von Freiburg entfernt. Wir könnten ihm dort einen Besuch machen, einmal aus kollegialer Verbundenheit, zum andern aus kollegialer Neugier. Vielleicht ergeben sich neue Gesichtspunkte über den Brandanschlag, der ihm selber oder seiner Ausstellung zugedacht war. Außerdem ist's ein Prachtwetter. Und deswegen ein Lustgewinn zu reisen. Mittag um zwei stehe ich vor deiner Tür und packe dich ein. Abends sind wir zurück.«

Beermann hatte gar keine Lücke gefunden, sich selber bemerkbar zu machen, Einwände vorzubringen oder den gesamten Vorschlag abzulehnen. So war Flözer nun mal. Ein verlässlicher Kumpel, aber auch zu freundschaftlichen Nötigungen imstande. Widerspruch ließ er nicht zu, wenn er ihm unbequem war.

Er hatte die Statur eines Holzfällers und ebenso dessen Geradlinigkeit. Was er sich in den Kopf gesetzt hatte, zog er mit Entschlossenheit durch, unbehelligt von Zweifeln an der Richtigkeit seines Vorgehens. Beermann legte den Hörer auf, nachdem Flözer das Telefonat beendet hatte, und schmunzelte. War am Ende gar keine üble Idee, die Flözer ihm ins Ohr geblasen hatte. Mal raus aus dem Gehäuse, das ohnehin anfing, ihn mehr zu belasten als zu bergen. Er würde sich in Flözers noblem Mercedes breit machen und durch die Landschaft kutschieren lassen. Den Konfirmandenunterricht wegen auswärtiger Geschäfte kurzfristig abzublasen, war eine Kleinigkeit, und die quirlige Bande würde es ihm danken.

Der Kollege war pünktlich und grinste: »Wer sich einkapselt wie in einer Nussschale, dem muss man schon mal mit dem Hammer kommen, um ihn herauszuschälen.«

Sie nahmen die B27 über Tübingen, und Beermann genoss die weite Sicht hinüber zur lang gestreckten Kette der Alb, die Mörike als ›blaue Mauer‹ gesehen hatte. Einzelne Burgen krönten vorspringende Gipfel, am imposantesten die Stammburg der Hohenzollern mit ihren mächtigen Aufbauten, die ihren jetzigen Zustand dem romantischen Preußenkönig Friedrich Wilhelm IV. verdankte und zwischen Kriegsende und Wendezeit die Sarkophage vom Alten Fritz und seinem Vater beherbergt hatte. Beermann schaute im Vorbeifahren hinauf und fand es nach wie vor merkwürdig, die Wiege des Preußentums mitten im Schwäbischen anzutreffen.

An Rottweil vorbei steuerten sie über die Baar, die als kälteste Region des Südwestens gilt, dem Schwarzwald entgegen. Flözer pfiff angestaubte Schlagermelodien und unterbrach sie, wenn er sich eine neue Zigarette anzündete. Beermann deswegen um Erlaubnis zu bitten, fiel ihm nicht ein, und die Qualmerei tat dessen angeregter Stimmung auch keinen Abbruch.

»Neulich habe ich gelesen«, sagte Beermann, »dass der Mensch sich von Urzeiten an auf zwei gegensätzlichen Plätzen aufgehalten hat: in der Höhle oder auf der Steppe. Wir sind entweder Klausner oder Nomaden beziehungsweise eine Mischung aus beidem. Alle menschlichen Verhaltensformen mit allen Neigungen und Zielen können von diesen Fundamentalorten her abgeleitet und erklärt werden. Gestern war ich noch der Klausner, heute bin ich Nomade. Und finde es herrlich, in der Welt herumzugondeln.«

»Leuchtet mir ein«, bestätigte Flözer mit wippendem Zigarettenstengel zwischen den Lippen, »der Höhlenmensch auf der einen Seite, der Jäger oder Viehtreiber auf der anderen. Wir Pfarrer tragen zweifellos beides in uns. Höhlenmenschen sind wir am Schreibtisch, umgeben von Bücherwänden, den Viehtreiber geben wir in der Gemeinde. Du musst mal bei mir daheim vorbeischauen. An meiner Klotür wirst du die Kopie einer alten Tuschezeichnung finden, mit einem knochigen, glatzköpfigen Chinesen, der mit aller Kraft einen sturen Wasserbüffel am Strick aus versumpftem Gelände zerrt. Köstlich. Das Bildchen ist für mich zu einer Allegorie für meine pastorale Existenz geworden. Immer ziehen wie dieser kleine Chinese, der das schwerfällige, gehörnte Vieh, die Gemeinde, nicht aus dem Sumpf heraus und zu kleinen Schritten vorwärts bringt.«

Im Schwarzwald überquerten sie Höhen und durchfuhren enge, gewundene Täler. Schneisen vergangener Winterstürme wurden aufgeforstet, lagen stellenweise auch brach, weil man natürliche Entwicklungen beobachten wollte. Wenn Beermann das Seitenfenster absenkte, hörte er manchmal das Rauschen von Wildbächen, die nach ergiebigen Regenfällen über die Hänge hinab ins Tal stürzten.

»Flözer«, sagte er plötzlich, »dein Familienname spricht sehr dafür, dass deine Vorfahren einmal Holzflözer waren, wahrscheinlich hier im Schwarzwald.«

»Allerdings«, bekräftigte der Kollege, »das ist eindeutig. Im Grunde bin ich auch stolz auf diese Herkunft. Die Flözer gehörten unbedingt zur Kategorie der Nomaden und nicht der Klausner, und es waren in der Regel ziemlich wilde Burschen in einem abenteuerlichen Gewerbe.«

»Unsereins bezog alle Kenntnisse übers Flözen und über die rauen und geheimnisumwitterten Männer, die ihre Baumstämme die Flüsse hinunter bis nach Holland lenkten, aus dem Märchen vom ›kalten Herz‹.«

»Pflichtlektüre in unserer Familie«, lachte Flözer, »Wilhelm Hauff rangiert da noch knapp vor der Bibel.«

»Was bei frommen Familien aus dem *Black Forest* etwas heißen will«, lachte Beermann.

In Waldkirch trafen sie Friedemann Hus munterer als erwartet an. Er saß bequem auf seinem Zimmerbalkon und studierte die Zeitung. Die Brandwunden im Gesicht und an den Händen waren verkrustet, seine schwarze Schädeldecke hielt er unter einer Wollmütze verborgen. Er war sichtlich erfreut über den Besuch und versuchte zu lächeln. Flözer und Beermann zogen Plastikstühle, die in der Balkonecke gestapelt waren, an seine Seite und erzählten von ihrer Reise. Man brauche länger als gedacht, meinte Flözer, rückwärts werde er's auf der Autobahn probieren. Das Gespräch trudelte an diversen belanglosen Gegenständen vorüber, die alle nicht den Grund ihres Besuchs berührten, und Hus zeigte wenig Bereitschaft, über seine allgemeine Verfassung und die Fortschritte bei der Genesung zu plaudern. »Ich will nicht klagen«, war alles, was er dazu bemerkte.

Am Ende war es Flözer, der mit seiner Frage eine Bresche schlug, durch die man hoffen konnte, weiter voranzudringen:

»Du, sag mal, was ist eigentlich schmerzlicher gewesen für dich, die Blessuren, die du bei dem brutalen Anschlag abgekriegt hast, oder der Verlust deiner schönen Ausstellungsstücke?«

Hus überlegte. Dann sagte er, bedächtig Wort für Wort aneinanderhängend: »Ich glaube, am schmerzlichsten war die Enttäuschung.«

Weil die beiden Gäste aufmerksam auf ihren Stühlen hockten und Weiteres erwarteten, entschloss sich Hus, seine Andeutung zu ergänzen: »Nun ja, mit Enttäuschungen dieser und jener Qualität leben wir in unserem Beruf, das muss ich euch nicht verdeutlichen. Aber es gibt Enttäuschungen innerhalb der Toleranzgrenzen, die jeder von uns aufgebaut hat aus Gründen des Selbstschutzes. Und es gibt daneben diese andere Sorte von Enttäuschungen, die dich umhauen und von guten Absichten und hohen Idealen nichts übrig lassen. Rein gar nichts. Nichts als ein bisschen verbrannte Erde. Wie in meinem Kellerloch, meiner ›Krypta‹ – lauter verbrannte Erde. Auf so einem Gelände gedeiht nichts mehr.«

›Wer Fragen stellt, die an die Substanz gehen, muss mit Antworten rechnen, die sprachlos machen‹, dachte Beermann und erhob sich. Ob es vielleicht einen Schluck Wasser und Gläser drinnen im Zimmer gebe, erkundigte er sich, und Hus erschrak und entschuldigte sich umständlich, dass er ein lausiger Gastgeber sei und schier vergessen habe, ihnen eine Erfrischung anzubieten. Sprudel und Säfte befänden sich im kleinen Kühlschrank und Gläser auf dem Bord neben der Eingangstür. Flözer ging und bediente sie.

»Deine Enttäuschung«, nahm Beermann den Faden wieder auf, »ich möchte noch etwas besser verstehen, was du meinst. Enttäuschung worüber? Und was war die vermeintliche Täuschung davor? Du bist doch mit deiner Art und speziell mit deinen Mundartpredigten gut angekommen bei den Leuten und auch mit deiner Ausstellung über Bilder und Texte der Reformation hast du keine Menschenseele erkennbar verwirrt oder gekränkt. In welcher Hinsicht hast du eine große Enttäuschung erlebt?«

Hus ergriff sein Wasserglas und drehte es in den Händen: »Ja, Freunde, das ist gar nicht so einfach zu erklären. Weil es sich zunächst mal um ein Gefühl handelt, ein überwältigendes Gefühl. Du fühlst dich buchstäblich platt gemacht. Da hast du jahrelang auf der Kanzel gestanden und den Hörern eingetrichtert, was du für eine gute Nachricht hieltest. Du hast gebetet mit den Frommen und gezweifelt mit den Angefochtenen. Getauft hast du und getraut und beerdigt, immer nah beim Menschen, immer mit dem Ziel, Gebeugte aufzurichten und Schwankenden Halt zu geben. Und zuletzt hast du eine Ausstellung zusammengetragen, die anschaulich machen sollte, wofür dein Herz schlägt. Dauernd investierst du ins Leben, damit dessen Güte erkannt und gefeiert werde. Aber dann wird dir plötzlich alles zusammengeschmissen. Deine ganzen Anstrengungen lösen sich in stinkenden Rauch auf und du selber bist eine gefangene Ratte, die ruhig krepieren soll in ihrem Feuerloch.

Dass ich lange drüber nachgegrübelt habe, wer mir die Bude angezündet hat, könnt ihr euch vorstellen. Ich habe es aufgegeben. Es interessiert mich auch nicht mehr. Das ausführende Organ bei solchen Geschichten ist in der Regel ein kleiner Fisch, eine bedeutungslose Null. Wesentlich ist, was diesen kleinen Fisch angetrieben hat. In was für einem verseuchten Klima sich diese Null die Lungen vollgepumpt hat, bis sie so weit war, dass sie sich einen Brandsatz gebastelt und das Zeug in meinen Keller geworfen hat. Die Tat eines Verführten ist nicht das, was mich irritiert und maßlos enttäuscht. Es sind die Kräfte im Hintergrund, die wabernden Stimmungen der Unzufriedenheit, die sich auf einmal zu einem Sturmgewölk aufbauen, auch wenn's vorläufig noch weit entfernt und scheinbar unbedenklich über den Horizont zieht. Was ich fürchte, ist ein Gewitter, das unwiderstehlich heraufkommt, ein apokalyptisches Wetter, wenn ihr so wollt, das alles hinwegfegt, was uns lieb und teuer und auch heilig gewesen ist.« Friedemann Hus trank aus seinem Wasserglas, verschluckte sich und hustete erbärmlich, bis ihm Tränen aus den Augen und Schleim aus den Mundwinkeln rannen.

»Verzeihung«, stöhnte er, »dieses Missgeschick passiert mir immer öfter. Ich gerate mir selbst außer Kontrolle.«

Als er sich mit seinem Taschentuch geholfen hatte, sah er seine Gäste an, als habe er den roten Faden seines Exkurses verloren. Beermann ergriff die Gelegenheit, eine Frage zu stellen:

»Also, mit der Möglichkeit, dass du selber, allein du selber, der Pfarrer Hus mit diesen oder jenen Eigenschaften, mit dieser oder jener Geschichte der Adressat für den Brandstifter gewesen sein könntest, rechnest du eigentlich nicht?«

»Nein«, antwortete Hus schnell und mit Entschiedenheit, »wer sollte mir an den Kragen wollen und weshalb? Weil ich auf der Kanzel manchmal schwäbisch rede, vielleicht ein etwas verhunztes Schwäbisch für die Dialektpuristen? Deswegen bringt man keinen um. Ich habe auch sonst keine Sachen veranstaltet, die den Verdacht rechtfertigen würden, dass ich eine gefährdete Person sei. Das ist Unsinn. Einzig plausibel ist die Annahme, dass der Anschlag sich gegen die Firma richtete, gegen unsere religiöse Institution, meinetwegen gegen Geist und Wirkung der Reformation, gegen das Christentum in reformatorischer Gestalt. Es muss ein Angriff aus Ressentiment oder aus ideologischer Verblendung gewesen sein.«

»Vor der verheerenden Explosion stand in unserer Kirche jedenfalls die Trauung eines lesbischen Paares an«, überlegte Beermann. »Anderswo keine Seltenheit mehr, aber bei uns hochbrisant und außerdem amtlich untersagt. Das erregt Widerspruch und kocht Emotionen hoch bei denen, die die alten Sitten verraten sehen.«

»Und die sich empören, weil die gute, biblisch verankerte Lebensordnung ausgehebelt wird«, ergänzte Flözer. »Ein Fall und ein Erscheinungsbild von Radikalisierung. Wie kommt es überhaupt zu Radikalisierungen? Aus einem Gefühl von Ausweglosigkeit heraus, wo man meint, in eine Ecke gedrängt zu sein, aus der es kein Entrinnen gibt?

Man muss sich das bloß mal vor Augen führen: Du greifst dir einen herrenlosen Hund, keinen Pinscher, sondern ein stattliches Vieh, kräftig und reizbar. Du schließt ihn ein in einem Zwinger, abgelegen in deinem schwer zugänglichen Hinterhof. Dort lässt du ihn allein. Einmal am Tag kommst du vorbei zur Fütterung. Du wirfst ihm einen Knochen in den Zwinger, an dem nicht viel Fleisch sitzt, oder überlässt ihm sonst einen mageren Fraß, der ihn nicht satt macht, aber auch sein Verhungern hinauszögert. In regelmäßigen Abständen traktierst du ihn mit einer Eisenstange, gegen deren Stöße und Schläge er sich wehrt, natürlich erfolglos. Du fügst ihm kleine, schmerzhafte Wunden bei. Du ärgerst ihn. Du trägst deinen duftenden Schweinebraten an seinem Käfig vorbei, dass ihm die Zunge aus dem Hals hängt vor Gier. Du erlebst dabei, wie er sich allmählich verändert. Die Haare sträuben sich, wenn du in seine Nähe kommst. Seine Augen flackern tückisch. Er knurrt boshaft. Er ist sprungbereit. Du hast aus dem Hund eine Bestie gemacht. Er geifert vor Wut, zittert vor Hass, probiert Ausfälle aus seinem Gefängnis und wird vollkommen unberechenbar. Wenn er eine Gelegenheit findet, sei es bei versehentlich unverschlossener Tür oder durch eine schadhafte Stelle seines Zwingers, wird er ausbrechen und einen Amoklauf vom Stapel lassen, bei dem er überall bloß Feinde, bloß Peiniger wahrnimmt und ihnen heimzahlen will, was sie ihm angetan haben.«

»Ein Beispiel für Radikalisierung, meinst du«, sagte Beermann. »In deinem Beispiel wurde sie aber programmiert, mit gezielten, boshaften Eingriffen in das Leben des Tieres. Eine gezüchtete Radikalisierung.«

»Jede Radikalisierung ist gezüchtet«, betonte Flözer, »mit unfeinen oder feineren und weniger offenkundigen Methoden.«

»Außerdem ist ein Mensch nicht vergleichbar mit einem streunenden Hund. Er reagiert anders.«

»Nana, Vorsicht, mein Lieber. Ich gebe ja zu, dass die Reaktionsmuster verschieden ausfallen können. Der Hund reagiert sinnlich und triebhaft. Ein Mensch kann auch geistig und triebhaft reagieren. Das macht – im Unterschied zum Tier – seine ideologische Anfälligkeit aus. Wenn du willst, liefere ich dir ein markantes Beispiel, sogar aus der Bibel.«

»Bitte!«

»Denk bloß an Elia, den stolzen, selbstbewussten, in seinem Glauben an den Jahwe Israels unerschütterlichen Propheten. Wir erinnern und feiern ihn gewöhnlich als Inbegriff des standhaften Bekenners. Eine religiöse Heldenfigur. Aber man kann seine Geschichte und sein Verhalten auch aus verschobener Perspektive betrachten und mit anderer Brille lesen. Dann baut sich das sehr zwiespältige Bild eines ausgemachten Radikalen auf, eines Radikalen um der Religion willen. Eines hebräischen Taliban.«

»Na, hör mal!«, warf Beermann unwillig ein.

»Gut«, sagte Flözer, »den Taliban nehme ich zurück. Nicht aber den Radikalen, genauer den zunehmend radikal Gewordenen aus religiösen Gründen. Du kannst einfach an seiner Geschichte entlang gehen. Da ist sein ›Eifer‹ für den Herrn von Beginn an. Eifer! Der bildet nicht weniger als das offene Eingangstor in die Landschaften des Radikalismus. Dieser Eifer kennt bloß ein ›Ja‹ oder ›Nein‹ und kein ›Sowohl – als auch‹. Er kennt und anerkennt ausschließlich *eine* Wahrheit, für die er gerade steht mit Leib und Leben und bewegt sich fortwährend im Bannkreis dieser Exklusivität.

Das bleibt relativ unauffällig und folgenlos, solange ein Elia auf keine nennenswerten Widerstände trifft. Solange er also vorwiegend Zustimmung erfährt. Es verändert sich, wenn der Gegenwind zunimmt. Wenn er aus der Mitte seiner Welt herausgedrängt zu werden droht an den Rand oder sogar über den Rand hinaus. Elia, so erzählt uns die biblische Geschichte, war ein Eiferer für den Herrn, dem die Gefolgschaft der anderen mehr und mehr abhandenkam. Ahab, der König, tauschte auf Drängen seiner phönizischen Gemahlin Isebel die Kulissen im religiösen Hoftheater aus. Baals Altäre wurden aufgestellt, und Baals Priester opferten auf ihnen. Ein Gräuel für den Jahwe-Eiferer Elia. Aus der Offensive verdrängt, findet er sich Tag für Tag stärker zu einer ungeliebten, für ihn geradezu unerträglichen Defensive verdammt. Die Reihen seiner Anhänger lichten sich, und er gewinnt den furchtbaren Eindruck, als letzter Eiferer für den Herrn übrig geblieben zu sein. Das genau ist der Punkt seiner Wendung zum Radikalen. Du weißt, dass du ein Prophet der Wahrheit bist; der reinen, unverfälschten göttlichen Wahrheit. Aber du stehst auf einmal mit dem Rücken zur Wand. Du musst mitansehen, wie deine Wahrheit verdreht und gebeugt wird. Wie man sie durch Lügen ersetzt, frech und öffentlich. Dir bleibt nicht verborgen, dass du nichts ausrichten wirst, wenn du jetzt auf die Straße gehst oder vor den König trittst und das Recht für deine Wahrheit einklagst. Denn sie haben ihre Ohren verschlossen vor deinem Wort und öffnen sie bloß noch dem lasterhaften Geplärre der Baalsdiener. Und wenn du lange genug gelitten hast unter der Missachtung, die du erfährst, und wenn die Demütigungen überhand nehmen, die du um deiner selbst und um deines Gottes willen nicht aushalten magst, dann reift in dir die Zwangsvorstellung, alles auf eine Karte setzen und die Entscheidung erzwingen zu müssen. Und gerade so stürzt sich Elia aus dem Schatten seiner Defensive mit einem Mal hinaus ins grelle Licht der totalen Offensive. Er riskiert den Kampf mit dem religiösen Aufgebot der Lüge und bestellt die Baalspriester auf den Berg Karmel. Und als dort die Entscheidung zu seinen Gunsten gefallen ist, vollzieht er ein Massaker an seinen Gegnern. Er vollzieht bluttriefend am Bach Kison, was er in seiner Phantasie, seiner hasserfüllten Wunschvorstellung schon hundertmal durchgespielt hatte. Das nenne ich Radikalisierung. Ein drastischeres Beispiel dafür kenne ich nicht.«

»Immerhin ist die Prophetenerzählung damit nicht zu Ende«, bemerkte Beermann, »Gott sei Dank nicht!«

»Bekanntlich«, sagte Flözer. »Elias religiöser Radikalismus bricht zusammen, das ist die gute Botschaft. Er reißt aus vor den Rachegelüsten der Königin. Verkriecht sich lebensmüde unter einem Ginsterstrauch in der Wüste. Der gerade noch sein Leben in die Bresche warf für seinen Gott, wirft es jetzt verzweifelt und innerlich ausgebrannt hin vor Gott. Von der Manie stürzt er steil ab in die Depression. Er ist nicht etwa geheilt von seiner Radikalität, er ist an ihr zerbrochen.«

»Musste an ihr zerbrechen«, warf Beermann ein. »Was der Prophet mit brutaler Gewalt veranstaltet hatte am Bach Kison, sollte eine Handlung sein, die Gottes Wohlgefallen fand. Aber es hat, mit Kurt Marti zu reden, ›dem Herrn, unserm Gott, ganz und gar nicht gefallen‹, die Baalsdiener abzuschlachten, wie man infiziertes Federvieh in Geflügelfarmen aus dem Leben keult. Die Fortsetzung der Geschichte ist lebhaft an einer Korrektur dieses Bildes vom gewaltigen Gott interessiert, das dem Elia als Legitimation für seine Exzesse diente. Darum wird der Prophet aus seinem Tief herausgeholt und auf einen langen Weg der Besinnung geschickt, einer Selbstbesinnung und einer Gottesbesinnung zugleich, denke ich. Und am heiligen Berg Horeb geht dieser wahrhaftige Gott an ihm vorüber. Der wahrhaftige, nicht der eingebildete. Elia bringt es fertig, auch an diesem Punkt und unmittelbar Gott gegenüber noch einmal seine Tat zu rechtfertigen: ›Geeifert habe ich für den Herrn der Heerscharen!‹ Mit anderen Worten: Es war nichts anderes als ein Akt von Gehorsam, dass ich sie kaltblütig hingerichtet habe. Dein Eifer für die Wahrheit hat von mir, deinem Propheten, Besitz ergriffen, und ich tat, was ich dir schuldig war. Und Gott, das ist wunderbar und mit feinstem Gespür für Dramatik geschildert, antwortet dem Elia nicht mit Worten. Er wählt nicht die Diskussion, sondern eine Demonstration und führt dem Propheten sinnlich für seine Augen und seine Ohren vor, wer er ist. Und es zeigt sich eben: Gott ist nicht im gewaltigen Sturm, der Berge zerreißt und Felsen zerschmettert. Er ist nicht im gewaltigen Erdbeben mit seiner Zerstörungswut. Er ist auch nicht im gewaltigen Feuer, wohlgemerkt auch nicht in einem Feuer des Gerichts, das alles vertilgt, was schuldig geworden war. Sondern Gott ist in einem sanften Lufthauch, der zuletzt Elia berührt, ihn streichelt sozusagen und in seinen Ohren wie das Flüstern eines Liebesliedes klingt. Eine Wende in der Elia-Geschichte, über die ich nicht genug staunen und mich freuen kann. Sie stellt richtig und sie tröstet. Der Herr im Himmel ist kein Gewaltverehrer. Religiöse Radikalisierung widerspricht ihm und setzt sich deshalb selber ins Unrecht. Sie wird vorher so auffällig mit der Person des Propheten in Verbindung gebracht, um an dieser Stelle umso unmissverständlicher verurteilt und ausgeschlossen zu werden.«

Hus, der lange geschwiegen und nachdenklich gelauscht hatte, meldete sich zu Wort. »Ich stimme zu, Beermann«, sagte er, »und bin trotzdem nicht getröstet, wie du es anscheinend sein kannst. Immerhin feiert der Radikalismus mit religiösem Hintergrund nach wie vor seine ekelhaften Feste. Und das nicht nur auf Seiten eines deformierten Islam – ›deformiert‹ in wohlmeinender Deutung – sondern auch anderswo. Auch in unseren angeblich christlichen Gefilden. Täuschen wir uns nicht darüber, was da an Potenzial prophetischen Eiferns zusammenströmen kann, selbst wenn die großen Gewaltausbrüche auf sich warten lassen. Erlaubt mir jedenfalls, an so etwas zu denken, wenn mich die Schwarte auf meinem Kopf und die Brandwunden am ganzen Leib schier verrückt machen. Dieser religiöse Eifer, der auch in Elia gezündet hat, lauert und durchmustert die Weltlage auf der Suche nach günstiger Gelegenheit. Wie ein wildes Tier im Dickicht, das jederzeit bereit ist, die Jagd zu eröffnen… Und übrigens, wir schleppen den verhängnisvollen Bazillus des religiösen Eifers doch auch mit uns herum in unserer eigenen Geschichte. Oder wie groß, bitteschön, war denn der Schritt vom eifernden Martin Luther hin zum radikalisierten Karlstatt mit seinen Freunden in Wittenberg anno 1522, die doch nichts anderes wollten, als die heftigen Reden und Schriften ihres Meisters ins Praktische zu übertragen? Ihr Eifer lief hinaus auf Zerstörung. Steinerne Bilder in den Kirchen wurden zerschlagen, hölzerne verbrannt. Immer wieder dieses Feuer, das nichts als Asche übrig lässt, aber anscheinend mit dem guten Effekt der Reinigung. Müntzer und seine Genossen ließen es nicht beim Angriff auf Bilder und heilige Gegenstände. Sie wollten eine weitergehende Säuberung: ›Oho‹, hieß es bei ihm, ›wie reif sind die faulen Äpfel! Oho, wie mürb sind die Auserwählten geworden! Die Zeit der Ernte ist da, und ich habe meine Sichel scharf gemacht‹ usw. usw. Nicht zu vergessen den alten Luther, der es für angezeigt hielt, den Juden ihre Häuser über den Köpfen anzuzünden und ihre Synagogen in Flammen aufgehen zu lassen. Radikalisierung, wo du hinsiehst. Und wir befinden uns vielleicht an der Schwelle zu einer neuen Dimension des religiösen Eifers, die uns noch das Grausen lehren wird.«

Auf Wunsch der Mutter, die aus Soest angereist war, sollte Vikarin Engelhart feuerbestattet werden. Beermann empfand das als bizarre Schlusspointe in einem furchtbaren Spiel. Nach dem gewaltsamen Feuertod eine feierliche Kremation. Asche zu Asche…

Das Ansinnen, seinerseits die Bestattung vorzunehmen, hatte er abgelehnt. Dazu sehe er sich leider nicht imstande. Anschließend fühlte sich der Dekan in der Pflicht und übernahm die schwierige Aufgabe.

Im Krematorium der Stadt hatte Beermann häufig zu tun. Feuerbestattungen mit Urnenbeisetzung nahmen deutlich zu, die alten, auch kirchlich geteilten Vorbehalte schwanden dahin wie Gletscher im Klimawandel. Das

Krematorium wurde reichlich genutzt und stand bei Überbelegungen an den Grenzen seiner Kapazität. Beermann gehörte zu einem Kreis von Pfarrern, die sich bereit erklärt hatten, Feiern für Verstorbene vorzunehmen, die nicht in der Stadt oder deren Umgebung gemeldet waren. Das ergab mehr als einmal tragikomische Verwicklungen. Kürzlich erst hatte er den Auftrag, einen alten Seebären zu bestatten, der in Stade beheimatet war, über Jahrzehnte hin auf Frachtschiffen und Tankern die Weltmeere durchzogen hatte und in zahllosen Häfen vor Anker gegangen war. Die trauernden Angehörigen hatten darum gebeten, das Orgelspiel bei der Feier auszusetzen und stattdessen eine Instrumentalgruppe auftreten zu lassen, die sie engagieren wollten. Beermann hatte dummerweise die Nachlässigkeit begangen, sich nicht nach Art und Zusammensetzung dieser Musikgruppe zu erkundigen und deren Repertoire zu erfragen. Als er das Krematorium betrat, einen düsteren Raum im Untergeschoss, traf er in Front der Trauergäste auf eine Versammlung von Bläsern, die nicht nach meditativer Musik und auch nicht nach christlichen Chorälen aussahen. Ihr Leiter bequemte sich mit Beermann in die Sakristei, und als dieser, bereits von unguten Ahnungen befallen, nachfragte, was die Herren zu spielen gedächten, erhielt er zur Antwort: »Nun, der Verstorbene ist ja ein erfahrener Seemann gewesen. Und da haben die Angehörigen gewünscht, dass für ihn als letztes Ständchen ›Schön ist die Liebe im Hafen‹ gespielt wird.«

Ein anderes Mal war Beermann bei der Feier allein mit dem Organisten und dem Bestattungsordner gewesen. Kremation eines Obdachlosen, dessen Überreste man einige Zeit nach seinem Tod in einem versteckten Winkel des Stadtparks aufgelesen hatte. Der Sarg stand aufgebahrt und mit einer brennenden Kerze bestückt neben dem Rednerpult. Beermann fühlte sich unwohl und fröstelte bei dem Gedanken, eine Traueransprache ins Leere und für niemanden halten zu sollen. Er wandte sich deshalb an den Organisten: »Also wissen Sie, was soll ich jetzt eigentlich sagen? Es ist ja kein Mensch da.« »Richtig«, meinte der Organist, »und im Sarg ist auch keiner.« Als Beermann ihn verblüfft anblickte, wurde er belehrt, dass dies ab und zu vorkomme. Befinde sich die Leiche in einem fortgeschrittenen Prozess der Auflösung, müsse man sie umgehend beseitigen. Zur Feier werde dann eine Attrappe aufgestellt. Einmal aus Gründen der Hygiene, zum andern aus Gründen der Pietät.

Merkwürdigerweise musste Beermann an diese groteske Szene denken, als er das Krematorium betrat, vorn den aufgebahrten Sarg erkannte und sich unauffällig hinten in einer seitlichen Stuhlreihe niederließ. Er stellte fest, dass außer ihm einige Kolleginnen und Kollegen des Bezirks erschienen waren, und Kinzig saß vorn neben der Mutter Engelhart und blätterte in einem aufgeschlagenen Büchlein, vermutlich seinem Terminkalender. Nicht unbedingt ein Ausdruck tiefer Trauer, dachte Beermann, wenn der Herr Cousin im Angesicht des Sarges und der bevorstehenden Einäscherung seiner Cousine Daten in seinem Taschenkalender sortiert.

»Tag!«, sagte jemand, der lautlos in Beermanns Stuhlreihe gerückt war und neben ihm Platz genommen hatte. Es war Parler. Beermann grüßte knapp zurück und verkniff sich die Frage, die ihm schon auf der Zunge gelegen hatte, ob der Hauptkommissar vorhabe, in dieser Trauergesellschaft den gesuchten Mörder zu identifizieren und zu verhaften. Stattdessen stieß ihn Parler mit dem Ellenbogen in die Seite und flüsterte: »Bei Bestattungen von Mordopfern heißt es aufmerksam beobachten, Beermann. Irgendwelche Auffälligkeiten zu beachten. Helfen Sie mir dabei!«

»Ich bin aus persönlicher Anteilnahme, nicht als polizeilicher Schnüffler hier«, raunte Beermann grantig zurück.

Trotzdem ließ er während der Feier seine Blicke prüfend über die Anwesenden schweifen. Die Worte des Dekans erreichten ihn wie aus weiter Ferne, der Organist spielte, was er immer spielte und verschwand unmittelbar darauf durch eine Seitentür im Hintergrund. Mutter Engelhart weinte still in ihr Taschentuch, und Kollege Kinzig hatte das Studium seines Kalenders eingestellt. Die meisten Stuhlreihen waren von Gemeindegliedern besetzt, Menschen, die die Vikarin nur kurz, aber anscheinend mit positiven Eindrücken erlebt hatten, auch Ostendorf hatte sich eingefunden. Die hinteren Reihen im Saal blieben unbesetzt, und gleich neben dem Eingang fiel Beermann ein Besucher auf, der dort stand, als hätten die vorhandenen Stühle für ihn nicht ausgereicht. In den Händen drehte er unentwegt einen kleinen Blumenstrauß, den er mitgebracht hatte und jetzt nirgendwo anständig zu deponieren wusste. Der Mann war noch relativ jung, vielleicht um die dreißig, und trug weder schwarzen Anzug noch Mantel, sondern dunkle Jeans und einen mausgrauen Pullover. Abgesehen von seinen Blumen erschien er wie jemand, der beiläufig von der Straße her einen Blick in die Feierhalle werfen wollte. Als er darüber nachdachte, entdeckte Beermann, dass Parler neben ihm diesem Mann ebenfalls seine Aufmerksamkeit schenkte.

Als am Schluss der Feier der Organist zu seinem Spieltisch schritt und den Choral intonierte, bei dem der Sarg von zwei uniformierten Trägern aus der Halle geführt werden sollte, eilte der Mann vom Eingang plötzlich nach vorn, legte seinen kleinen Strauß auf dem Sargdeckel ab und kehrte unverzüglich an seinen Platz zurück. Dort wartete er, bis sich eine Saaltür hinter dem Sarg geschlossen hatte und verließ sofort den Raum. Parler sprang auf und folgte ihm wie ein Jagdhund, der Witterung aufgenommen hat und sich auf die Fährte eines flüchtenden Wildes setzt. Bevor er weglief, hatte er Beermann zugeflüstert: »Warten Sie bitte vor dem Krematorium, bis ich zurück bin!«

Beermann fand es ärgerlich, vom Hauptkommissar wie ein Befehlsempfänger im Assistentenstatus behandelt zu werden. Andererseits war er gespannt und neugierig genug, um zu erfahren, was Parler bei der Verfolgung des auffälligen Besuchers im Krematorium erreicht hatte.

Viele Gäste kondolierten der trauernden Mutter, und Kinzig zog sich dezent zurück, um nicht ebenfalls Empfänger der üblichen Beileidsfloskeln zu werden. Die Versammlung löste sich allmählich auf, einzelne Grüppchen standen noch zusammen, vor allem solche aus Beermanns Gemeinde, und Flözer kam zu ihm herüber, um sich zu verabschieden: »So, alter Knabe«, sagte er, »das wäre geschafft. Unser Dekan hat seine Sache doch ganz ordentlich gemacht.«

Draußen spazierte Beermann ein paar Wege durch die Gräberfelder und überflog die Grabinschriften nach vertrauten Namen. Als sich die Trauergemeinde bei der Feierhalle vollständig verlaufen hatte, kehrte er zurück und pendelte auf dem Kiesgrund des Vorplatzes hin und her. Lange musste er nicht ausharren, denn Parler erschien bald hinter einer Begrenzungsmauer und schritt auf ihn zu.

»Leider ein Schuss in den Ofen«, sagte er, als er Beermann erreicht hatte, »der Mann war weg, bevor ich aus der Halle heraus war. Der hatte es nicht nur eilig, der wollte auch nicht aufgehalten oder angesprochen werden.«

Parler erzählte, dass er den Friedhofsparkplatz inspiziert habe und den Fußweg bis zur Haltestelle der Stadtbahn entlanggelaufen sei. Vom geheimnisvollen Besucher war nichts zu sehen gewesen. Das mache ihn freilich nur interessanter. »Blumenstrauß spricht für eine gewisse Nähe, wenn nicht Intimität«, sagte er, »spurloses Verschwinden vor dem Ende der Vorstellung spricht für irgendwas Verdächtiges.«

»Ihr Tipp geht in welche Richtung?«, fragte Beermann.

»In Richtung Ulm«, stellte Parler trocken fest. »Dort wohnt der Bekannte, der Verlobte oder der Wie-immer-mit-der-Verstorbenen-Liierte namens Franck. Franck mit ck, stimmt's?«

»Ja, das stimmt«, meinte Beermann.

»Den werde ich mir kaufen«, knurrte Parler und verabschiedete sich.

Von Freunden hatte Beermann zu seinem fünfzigsten Geburtstag zwei Karten für eine Fahrt mit dem Heißluftballon erhalten. Ein riskantes Abenteuer, zu dem er sich selbst nie entschlossen hätte. Nach dem vereinbarten Anruf des Ballonführers, der mitteilte, dass die Wetterbedingungen nicht glänzend, aber für einen Start am Spätnachmittag ausreichend seien, fuhr er mit Bettina zur Alb hinauf. Bettina war in glänzender Stimmung und hänselte ihn: »Flugangst musst du keine haben, Helmut, denn ein Ballon fliegt nicht, er fährt.«

»Aber er fährt durch die Luft, und Luft hat keine Balken«, maulte Beermann. Er war grundsätzlich nicht erpicht auf Geschenke, weil sie verpflichteten, und Geschenke der ausgefalleneren Art konnten ihm sogar echtes Bauchweh bescheren. Ob einem vor der Ballonfahrt wenigstens ein Fallschirm umgeschnallt werde, wollte er wissen. Bettina lachte und erklärte, der Korb schwebe meistens so nah über dem Boden, dass beim Absturz der Schirm gar keine Zeit finde, sich zu entfalten.

»Wer abstürzt, ist hin.«

»Sehr beruhigend«, stöhnte Beermann.

Die Ballonhülle lag ausgebreitet auf einer Rasenfläche, und Beermann lernte die erste Lektion, dass es im Korb keine Passagiere, sondern bloß Matrosen gebe. Die Hände mussten also heraus aus den Hosentaschen und kräftig mit anpacken. Seile richten, das Tuch glätten, das Aufblasen des Ballons mit heißer Luft kontrollieren. Fünf weitere Matrosen standen bereit außer Bettina und Beermann sowie dem Kapitän, der die Anweisungen erteilte. Eine alte Dame zwinkerte Beermann zu und verriet, dass sie sich eine solche Ballonfahrt seit ihrem achtzigsten Geburtstag jedes Jahr gönne: »I glaub, des hält mi jong«, ergänzte sie bedeutungsvoll.

Nach Abschluss der Vorbereitungen stiegen alle ein, die Halteleine wurde gelöst, und das Fahrzeug, das partout kein Flugzeug sein sollte, hob so sacht vom Boden ab, dass Beermann es kaum merkte. Damit war er einverstanden. Schnell gewann der Ballon an Höhe, man drängelte sich an der Brüstung des Korbes und schaute hinunter auf die parkenden Autos, die sich rasch verkleinerten, und auf ein Fichtenwäldchen, das allmählich in der Erde versank. Beermann stellte mit Erstaunen fest, dass ihn beim Blick in die Tiefe überhaupt kein Schwindel überkam und dass er, mit seiner Bettina im Arm, sich binnen weniger Minuten in einen glücklichen Menschen verwandelte. Der Himmel über ihnen war ein blaues Tuch mit weißen Flecken, der Wind frischte auf von West, wo sich am Horizont düsteres Gewölk auftürmte. Der Kapitän beteuerte, die Wetterlage sei erfreulich, wenn auch ein bisschen instabil, die Front im Westen erzeuge eine günstige Thermik. Winde, die sie zügig vorwärtsbrächten, und ehe sie ein Gewitter erreichen könnte, seien sie wieder am Boden. Die Landung selbst, so viel sollten die Neulinge wissen, pflege kaum einmal glatt zu verlaufen. Vor allem nicht, wenn's windig werde. Dann treibe der Ballon, den man zwar absenken, aber nicht in seiner Fahrtrichtung stoppen könne, mehr oder weniger schräg dem Landeplatz entgegen, setze auf, falle um und kippe die Besatzung aus, wie man eine Tüte Kartoffeln in eine Schüssel leert. Dazu sei es wichtig, unmittelbar vor der Landung eine allgemeine Sturzordnung vorzunehmen. Vorneweg die kräftigeren Figuren, die zuerst aus dem Korb purzelten, dahinter die kleineren und schmächtigeren Personen, die auf sie fallen konnten. Beermann registrierte die Ansage als zweite Lektion seines Abenteuers und blickte zur Achtzigjährigen hinüber, die ihn vergnügt anlächelte und erklärte: »I fall immer obedruff!«

Zusammengewürfelte Spielzeughäuser von Albdörfern überquerten sie, und Bettina zupfte Beermann am Ärmel, wenn sie eine Burgruine oder einen Aussichtsturm entdeckte. Beermann hatte kein Problem einzugestehen, dass Ballonfahren weitaus schöner sei als Fliegen, auch wenn man beim Fliegen gewöhnlich ein Ziel vor Augen habe und beim Ballon nie wisse, wo man am Ende herunterkomme. Der Kapitän ließ den Ballon ab und zu sinken, sodass man fast meinte, über die Wipfel der Bäume hinwegzuschurren, dann speiste er ihn erneut für einen weiteren Aufstieg. Lautlos schwebte man übers Land, nur das wütende Fauchen des Heißluft erzeugenden Brenners unterbrach in regelmäßigen Abständen die Stille. Anfangs hatte Beermann kaum darauf geachtet, plötzlich war er aber wie gefesselt von dem Feuer speienden Gerät und dachte: ›Ein ähnliches Ding könnten sie in Kinzigs Kirche und im Kirchenkeller von Friedemann Hus verwendet haben. Eine Art Flammenwerfer. Paar Stöße aus seinem feurigen Rachen dürften genügen, allerlei in Brand zu setzen.‹

In seinem Kopf gab es nun kein Halten mehr. Die ungeklärten Fälle von Brandstiftung belagerten ihn und beherrschten sein Wahrnehmen und Denken, das von keiner Attraktion der Ballonfahrt mehr abgelenkt werden konnte.

Flammenwerfer – Es gab sie in vielen Varianten und zu unterschiedlichen Verwendungszwecken. Vor allem im Krieg. Schon in der Antike experimentierte man mit Geräten, die Feuer speien und feindliche Bollwerke oder Kriegsschiffe entflammen sollten. Von Infanteristen wurden sie 1916 auf dem Rücken getragen und in der Schlacht bei Verdun eingesetzt. Größere Formate wurden auf Panzern montiert und verbreiteten ihre verheerende Wirkung. Mit der Zeit wurde ihre Zerstörungskraft allerdings von anderen Kampfmitteln übertroffen, sodass sie militärisch kaum noch eine Rolle spielten. Verschwunden sind sie deswegen nicht. Man produziert jetzt kleinere Modelle von Flammenwerfern, die handlich und leicht transportabel sind und etwa zur Schädlingsbekämpfung oder bei pyrotechnischen Events benutzt werden. Ihre Konstruktion ist relativ einfach. Man benötigt zwei voneinander getrennte Behälter, einen mit Treibgas – gewöhnlich Propan – gefüllt, den andern mit leicht entflammbarem Öl, zum Beispiel Heizöl mit Benzin- oder Kerosinzusatz. Durch einen feuerfesten Schlauch werden beide Behälter verbunden, und das Gemisch wird durch einen Brenner, Gebläse und Ventile in Gang gesetzt. Sachkundige mit ein bisschen technischem Verstand sind ohne weiteres in der Lage, so einen gefährlichen Apparat zusammenzubasteln.

Freilich, einen Flammenwerfer setzt man nicht ein, um Menschen zu erledigen. Man benutzt ihn gegen Sachen. Etwa, um Einrichtungen in Kirchenräumen zu vernichten, wenn man Absichten in dieser Richtung verfolgt. Die ungelöste Kernfrage, ob die Anschläge in erster Linie einer bestimmten Person oder doch lediglich den Kirchenräumen und ihrer Ausstattung, also der Kirche insgesamt, gegolten hatten, könnte dadurch möglicherweise entschieden werden. Kinzig hatte zwar mit Nachdruck einen gezielten Angriff auf seine Cousine angenommen, die er sich als Opfer einer verkorksten Liebesbeziehung vorstellte. Hauptkommissar Parler schien ihm beizupflichten. Hus dagegen, ähnlich Flözer, dachten an völlig andere Hintergründe. Sie vermuteten auch Attentate aus Leidenschaft, aber nicht aus enttäuschter Liebesleidenschaft, sondern aus dem Eifer einer religiösen Verblendung heraus.

Natürlich war es ermittlungstaktisch einfacher, von einem Einzeltäter mit gewaltbereitem Hass auf eine bestimmte, ihm bekannte Person auszugehen. Denn das kam alle Tage vor und bildete ein Muster im Verhalten und Vorgehen, das jedem Kriminalbeamten geläufig war. Der unbekannte Stalker in Berlin schien ein klassisches Täterprofil dieser Art zu liefern, er hielt Kathrin Engelhart für das Prunkstück seines Privatbesitzes und ergriff, als sie ihm davongelaufen war, energische Maßnahmen, sie wieder einzufangen. Der Mann war auf jeden Fall schräg veranlagt, kam Beermann aber fast zu verdächtig vor, um für die Anschläge ernsthaft in Betracht zu kommen. Zumal wegen Hus. Der Angriff auf Hus oder sein Sortiment von reformatorischen Ausstellungsstücken passte überhaupt nicht ins Bild eines wild gewordenen Machos.

Blieb, nach gegenwärtigem Stand ihrer Kenntnisse, bei der Möglichkeit eines Einzeltäters mit privaten Motiven der angebliche Freund in Ulm. Parler hatte keine Mühe gehabt, seine Adresse ausfindig zu machen, und hatte ihn einen Tag nach der Bestattungsfeier aufgesucht. Er hatte ihn sogar angetroffen und später, noch vor seiner Rückreise, Beermann angerufen mit der Bitte, ihm behilflich zu sein. Da sei nämlich Merkwürdiges zur Sprache gekommen.

Winfried Franck heiße der Mann, hatte Parler erzählt. Er sei erst erstaunt gewesen, als Parler ihm seinen Dienstausweis unaufgefordert unter die Nase gehalten habe. Aber dann habe er sich keineswegs unfreundlich benommen. Habe ihn hereingebeten und mit einem Erfrischungstrunk bedient. Sogar auskunftsbereit sei er gewesen. Er habe keinen Augenblick gezögert zuzugeben, dass er bei der Bestattungsfeier zugegen war, und habe ebenfalls plausible Erklärungen geliefert für sein plötzliches Verschwinden. Erstens habe er den Zug zurück nach Ulm erwischen wollen, den er ausgesucht hatte, um zu seinem Seminar an der Volkshochschule rechtzeitig zur Stelle zu sein. Zweitens hasse er Beerdigungen und erst recht Kremationen und vermeide es, ihnen zu nahe zu rücken. Außerdem habe er überhaupt keine Lust gehabt, von irgendeinem der Trauergäste angeredet und mit dämlichen Fragen belästigt zu werden.

Von Parler auf seine Beziehung zu Kathrin Engelhart angesprochen, wurden seine Auskünfte verhaltener. Ja, sie seien befreundet gewesen. Eine Bekanntschaft aus den Zeiten gemeinsamer Studiensemester sei anlässlich einer Party bei Freunden aufgefrischt und – ja, auch – vertieft worden. Ab und zu habe sie ihn in Ulm besucht, aber während in der ersten Phase zunächst er selber es gewesen sei, der nicht so recht einsteigen mochte in diese Beziehung, habe sich das Blatt allmählich gedreht, und sie habe sich rar gemacht. Feurig sei ihre Liebe im Übrigen nie gewesen, wenn von so etwas wie Liebe überhaupt die Rede sein konnte. Kaum habe man sich aneinander gewöhnt, da seien sie auch schon wieder auseinandergedriftet. Kein Terrain also, hatte Parler dazu angemerkt, auf dem die Leidenschaften außer Kontrolle geraten und zu einer Gewalttat hätten führen können.

Doch dann hatte Parler trotzdem eine Auffälligkeit erkannt, die ihn stutzig machte. Sie waren beinahe schon am Ende ihrer Unterredung angelangt, als Parler auf das Theologiestudium zu sprechen kam, das Franck anscheinend vorzeitig abgebrochen hatte. Er merkte sofort, dass er damit an einen wunden Punkt rührte. Franck schüttelte unwillig seinen Kopf und verweigerte anfangs jede Erklärung. Er hätte wissen müssen, dass er dadurch Parlers Neugier nur verstärkte. Und als der so zäh, wie er sein konnte, beim Thema blieb und die gestellte Frage in kleinen Variationen mehrfach wiederholte, stieß Franck einen einzigen Satz wie eine Gewehrsalve aus: ›Man kann nicht Christ und schon gar nicht Theologe sein, ohne Sektierer zu werden!‹

Mehr hatte Parler zu seinem Leidwesen nicht aus ihm herausbekommen. Er war jedoch überzeugt, dass der Satz einen Schlüssel darstellte zu geheimen Räumen im Hause dieses Menschen, der vielleicht doch näher mit dem Tod der Vikarin zu tun hatte, als bislang erkennbar geworden war. Daraufhin hatte sich Parler bei Beermann gemeldet und ihn um einen Besuch in Ulm gebeten. Als ehemaliger Ausbildungspfarrer der Vikarin könne er sich leicht einen Zugang verschaffen. Francks merkwürdige Äußerung über

Christentum und Sektiererei erscheine ihm jedenfalls wie eine Leuchtrakete in der Nacht, und es wäre sträflich, ihrer Spur nicht zu folgen. Bloß, dazu brauche es Kenntnisse in Kirchenangelegenheiten und vermutlich auch theologischen Sachverstand, worüber er nun einmal nicht verfüge. Deshalb wäre er Beermann sehr verbunden für dessen Hilfe. Müsse ja nicht sofort sein, aber bitte in den nächsten Tagen.

Beermann fühlte einen Stoß in die Seite und hörte Bettina: »Nun sag mal, Helmut, wovon träumst du?«

»Ich träume nicht, ich denke nach.«

»Sicher kein Fehler. Aber du solltest aufpassen, denn wir haben in Kürze Bodenberührung. Und zwar eine heftige, wie angekündigt. Stell dich bitte hübsch vor mir auf, damit ich sanft auf dir landen kann!«

Es kam, wie erwartet. Der Korb kantete bei der Landung auf, der Ballon zog an den Seilen weiter voran, Frauenstimmen kreischten, halb aus Angst, halb aus Vergnügen, der Korb stürzte um und ergoss seinen Inhalt auf den Rasen. Das sah mehr komisch als gefährlich aus, und es verletzte sich auch niemand. Der Kommandant war als erster auf den Beinen, eilte dem nicht mehr fahrenden, aber auch nicht ruhenden Ballon hinterher und zwang ihn unter Mithilfe einiger Kollegen, die mit ihren Autos dazugekommen waren, auf den Boden. Als dies geschafft war, kam es erneut zum Matroseneinsatz. Alle bearbeiteten den Ballon und pressten ihm unter vollem Körpereinsatz die letzten Luftreserven aus dem Leib. Danach wurde das schlaffe Tuch zusammengefaltet und mit anderem Zubehör in den

Materialwagen verstaut. Das Abenteuer war zu Ende, und man ging auseinander.

»Bettina«, sagte Beermann, »ich bin dafür, wir fahren nach Ulm. Von hier ist es nicht weit über die Alb. Wir schauen unangemeldet bei Winfried Franck vorbei und horchen ihn ein bisschen aus. Jetzt sind wir ja hinreichend abgehärtet gegen raue Winde und unverhoffte Stürze ins Ungewisse. Da könnten wir's riskieren, meinst du nicht?«

»Wenn du im Zweifelsfall wieder die Matratze machst, auf die ich fallen kann«, lachte Bettina.

Es dämmerte bereits, als sie über den Ulmer Münsterplatz flanierten. Die moderne Bebauung seitlich vor dem hoch aufragenden Turm empfand Beermann einmal mehr als empfindliche Störung des Gesamteindrucks, den früher die Freifläche vor der gotischen Fassade gewährte. Sie hatten es nicht eilig. Mit der Möglichkeit, Franck gar nicht zu Hause anzutreffen, mussten sie rechnen, aber eine Vorankündigung schien auch nicht ratsam. Sie hätte den gewünschten Überraschungseffekt gekostet.

Beermann weihte Bettina in Francks Spruchweisheit ein, dass nur Christ sein könne, wer auch Sektierer sei. Das hatte Parler aufgeschnappt und sich gemerkt und mit Recht für einen Hinweis gehalten, dem nachgegangen werden müsse. Was hatte Franck mit seiner Anspielung auf Sektiererei gemeint?

Auf dem Weg zu seiner Wohnung passierten sie Eckkneipen und Imbissstuben, aus denen es nach Pommes, Bratenfett und Döner roch. Das Quartier schien endgültig in türkischer Hand zu sein. Vor einem Obstladen, der noch nicht geschlossen hatte, versammelten sich Männer mit und ohne Kopfbedeckung und schwatzten gestenreich miteinander. »Herr Franck hat sich anscheinend eine preiswerte Bleibe im Osmanischen Reich zu Ulm gesucht«, bemerkte Bettina.

Ihr Klingeln an der Wohnungstür blieb ohne Antwort. Sie klopften. Klingelten noch einmal. Bis sich die Nachbartür einen Spalt breit öffnete und eine alte Frau ihren Kopf mit Lockenwickler und Haarnetz herausstreckte: »Sie wollen zu Franck?«, fragte sie. »Der ist nicht da. Genau weiß ich nicht, wo er steckt, aber am Mittwoch geht er meistens ins ›Café international‹. Nicht weit von hier. Die Straße hinunter, an der zweiten Ecke rechts. Wenn Sie ihn unbedingt sprechen wollen, finden Sie ihn dort am ehesten.«

Beermann bedankte sich, wünschte einen schönen Abend und stapfte mit Bettina die schadhaften Treppenstufen abwärts auf die Straße.

»Was jetzt?«, fragte er.

»Ist doch klar«, entschied Bettina, »wir machen einen Abstecher zum ›Café international‹.«

Das angebliche Café erwies sich als verrauchte Kneipe. Auf Barhockern saßen Zecher, die aus aller Herren Länder zu stammen schienen. International war also der Schuppen zweifellos. Hinter der Theke hantierte eine vollbusige Blondine mit knalligem Makeup und offenherzigem Dekolleté.

Sie gab den Typus der nordischen Walküre, lockend und unnahbar zugleich, und hielt ihre südländische, fast ausschließlich männliche Kundschaft bei Laune. Beermann schaute sich um, musterte die Anwesenden an der Theke und an ein paar besetzten Tischen und prüfte, ob ihm eine Gestalt oder ein Gesicht auffiel, das zu dem flüchtigen Besucher im Krematorium passte. Aber er fand nichts. Er zwängte sich nach vorn an die Theke und erkundigte sich bei der Wirtin, ob Winfried Franck schon vorbeigekommen sei oder noch erwartet werde. Die Blondine nickte und erklärte, er befinde sich im Lokal. Allerdings nicht im Schankraum, sondern im Hinterzimmer. Dort tage er wie jeden Mittwoch mit seiner Gesellschaft.

»Geschlossene Gesellschaft?«, fragte Beermann.

»Naja, sagen wir lieber ›bunte Gesellschaft‹«, griente die Wirtin.

Beermann deutete das als Erlaubnis, besagtes Hinterzimmer aufzusuchen. Er nahm Bettina an die Hand und lief einen schmalen Gang entlang, vorbei an Toilettentüren rechts und links, wobei er Bettina fragte, ob sie sich einen Reim darauf machen könne, dass in Wirtschaften die Tür zur Damentoilette grundsätzlich geschlossen sei, während die zur Herrentoilette ebenso grundsätzlich weit offenstehe. Endlich fand er den rückwärtigen Versammlungsraum und klopfte. Niemand reagierte. Beermann dachte nicht daran, sich abwimmeln zu lassen, drückte die Klinke nach unten und trat ein. Bettina folgte ihm auf dem Fuß. Sie standen einer Tischrunde mit lauter Männern gegenüber, die überrascht zu ihnen aufschauten. Im Unterschied zum Schankraum rauchte hier niemand. Auf den Tischen waren

Flaschen mit Wasser und Säften verteilt, nichts Alkoholisches anscheinend, dazu Körbchen mit Laugenbrezeln, Baguettes und diversen Dips. Franck saß den Eintretenden genau gegenüber, und nachdem Beermann sich vorgestellt und seinen Wunsch geäußert hatte, als ehemaliger Chef der Vikarin Engelhart mit ihm zu reden, erwiderte er mürrisch, dass er im Augenblick nicht zu sprechen sei, weil er sich, leicht erkennbar, mitten in einer Sitzung befinde. Beermann ließ nicht locker. Wann voraussichtlich diese Sitzung zu Ende gehe, wollte er wissen. Bei Franck schien rasch die Einsicht zu reifen, dass er sich diesen Sturkopf nicht leicht vom Hals schaffen könne. Deshalb lenkte er ein und versprach, in einer Stunde etwa zur Verfügung zu stehen, hier am selben Platz. Beermann dankte, grüßte kurz in die Runde und zog sich mit Bettina zurück. Eine Stunde konnte mit einem Spaziergang und mit einem Bier irgendwo gut überstanden werden.

Als die Stunde um war und sie wieder im ›Café international‹ eintrafen, verabschiedete Franck gerade an der Tür des Hinterzimmers einen schlanken, asketisch wirkenden Mann. Es war der Letzte aus seiner Gesprächsrunde, der einen Gehstock in der Hand hielt, eine gestrickte bunte Kappe auf dem Kopf trug und sich vor Beermann und seiner Frau in aller Form verneigte. Als er sich mit den tastenden Schritten des Alters durch den langen Gang entfernt hatte, erklärte Franck: »Das war Schapur Ahmadi aus dem Iran. Geboren vor mehr als achtzig Jahren in Isfahan. Ein Weiser. Nun ja, wer in Isfahan auf die Welt gekommen und aufgewachsen ist, der muss ein Sufi werden, sonst hat er nichts verstanden und verrät seine Heimat.«

Franck lächelte und lud zum Sitzen im menschenleeren Gastzimmer ein. Es gebe ungenutzte Gläser und Wasser, Saft oder eine Mischung aus beidem. Er bitte zuzugreifen.

»Dass wir wegen Kathrin Engelhart vorbeikommen, haben wir bereits angedeutet«, begann Beermann, »sie war mir zur praktischen Ausbildung zugeteilt, und ich habe im Grunde alles verkehrt gemacht. Hatte meine vorgefasste Meinung oder besser gesagt mein Klischee, und in diesen Rahmen fügte sie sich nicht ohne weiteres ein.«

»Ihr feministisches Zeug hat Ihnen nicht geschmeckt, stimmt's?«, warf Franck feixend ein.

»Dies und jenes, ja«, gab Beermann zu, »ich habe sie ungerecht behandelt. Das macht mir zu schaffen, seit sie umgekommen ist.«

»Verstehe. Und jetzt sind Sie fleißig unterwegs, zur Entlastung Ihres Gewissens irgendwelche Leute ausfindig zu machen, die am Tod Ihrer Vikarin noch schuldiger sind als Sie.«

Beermann schaute sein Gegenüber nachdenklich an und dachte: ›Gescheit ist er, und ziemlich giftig obendrein.‹

Neben sich hörte er Bettina sagen: »Also wissen Sie, Herr Franck, ich finde es nicht schlecht, wenn es hin und wieder noch diese alte Einrichtung gibt, die man *Gewissen* nennt. Sie soll ja längst nicht mehr überall vorhanden sein.«

»Verzeihung«, lenkte Franck sofort ein, »ich möchte niemanden verletzen. Bin bloß etwas dünnhäutig, wenn ich auf Kathrin und ihr grässliches Ende angesprochen werde.«

»Ich habe die Blumen gesehen, die Sie auf ihren Sarg legten«, sagte Beermann, »und ich hatte das Gefühl, dass Sie einander sehr nahe waren.«

»Nah und nicht nah, komischerweise beides. Wir mochten uns, aber wir verstanden uns nicht. Da waren Welten zwischen uns.«

»Obwohl Sie beide Theologie studiert haben?«

»Ich würde sagen: weil wir's taten. Denn ihr hat die Theologie auf dem Weg geholfen, den sie sich vorgestellt hatte und den sie auch konsequent gegangen ist. Mich hat die Theologie aus der Bahn geworfen.«

»Und wohin? Auf den Schotter des Atheismus?«

»O nein, das wäre zu einfach. Dann hätte ich einen kurzen Prozess gemacht und alles gleichgültig hinter mir gelassen, was mich einmal angetrieben hat. Ich habe nicht den Geist verneint, dem ich mein Leben widmen wollte. Ich habe nur die bestallten Funktionäre und die kalten Institutionen verneint, die immer den Anspruch erheben, diesen Geist zu verwalten.«

»Also die ganze Kirche mit ihren Einrichtungen und mit ihrem Personal. Mich und meine Vikarin eingeschlossen.«

»Als Funktionsträger genommen, ja. Als Personen betrachtet, nein.«

»Das haben Sie auch Kathrin Engelhart gegenüber so vertreten?«

»Ich konnte nicht anders. Außerdem war sie intelligent genug, selber abzuschätzen, wieviel zwischen uns stand.«

»Verständlich, dass Sie ein Theologiestudium abgebrochen haben, das zu kaum etwas anderem als zur Vorbereitung auf den kirchlichen Dienst taugt.«

»Genau. Es war verrückt, mich fit zu machen für eine Berufsausübung, die ich aus tiefstem Herzen verachtet habe. Lieber ein ehrlicher Hungerleider werden, dachte ich mir, als auf die Belohnungen eines verrotteten Systems angewiesen zu sein, das Religion wie die laufenden Geschäfte eines Großkonzerns betreibt.«

»Und zwar in der evangelischen wie in der katholischen Kirche, nehme ich an.«

»Selbstverständlich. Die Unterschiede sind marginal. Nehmen Sie einen Panzer und hissen Sie oben drauf statt der russischen die amerikanische Flagge. Der Panzer bleibt derselbe, egal unter welchem Firmenzeichen er rollt. Erst wenn die Panzer auf den Schrottplatz geschoben werden und Tauben in den Kanonenrohren nisten, wird die Sache anders und neu.«

»Eine Vision aus der Friedensbewegung.«

»Meinetwegen. Aber es kommt mir nicht auf die Friedensbewegung an. Entscheidend ist der Geist, der nicht geknebelt und eingekastelt werden, sondern frei fließen und wirken sollte. Auch in Angelegenheiten der Religion. Es ist höchste Zeit dazu. ›Proletarier aller Länder, vereinigt euch!‹, hieß der große Lockruf im 19. Jahrhundert. ›Nationalisten aller Länder, trennt und bekämpft euch!‹, war der Schlachtruf im 20. Jahrhundert. ›Mystiker aller Länder, vereinigt euch!‹, lautet der Weckruf im 21. Jahrhundert. Es hören ihn viele, aber es sind lange nicht genug. Und es hören ihn viele aus unterschiedlichen Weltgegenden und aus Kulturen, die sich fremd waren und die oft genug gegeneinander rüsteten.«

»Ich verstehe«, sagte Beermann, »der sympathische iranische Sufi, den Sie vorhin verabschiedet haben, war einer von den Brüdern im universalen Reich des Geistes, oder?«

»Allerdings. Einer der Erwählten. Begabt mit einer unversiegbaren spirituellen Kraft. Wenn das Wort nicht so schrecklich missbraucht und besudelt wäre, würde ich ihn einen ›Heiligen‹ nennen.«

»Und Heilige in der Kirche gibt es nicht? Nur im Abstand zu ihr, im erklärten Widerstand gegen sie?«

»Ja. Sie können nicht in einem Schlammloch baden und hoffen, dadurch nicht beschmutzt zu werden. Die Kirche ist nicht das, was unterstützt zu werden verdient. Sie ist das, was überwunden werden muss.«

»Notfalls auch unter Anwendung von Gewalt? Mit Hilfe von Sprengstoff und Feuer?«

Franck hielt sichtbar den Atem an und überlegte fieberhaft. »Mir wird klar, worauf Sie hinauswollen«, sagte er endlich. »Die drei Brände in Ihrer Stadt waren massive Angriffe auf Kirchen. Auf eine Krypta, einen Chorraum, eine Sakristei. Allerdings. Und nun fangen Sie an, Verbindungen zu basteln zwischen diesen Vorgängen und meiner rabiaten Abneigung gegen alles, was mit Kirche und mit Religionsverwaltung zu tun hat. So haben Sie mich dann doch wieder beim Wickel, selbst wenn mich Kathrins Tod mindestens so erschüttert hat wie Sie. Sektierer sind eben Radikale oder werden es irgendwann. Eines der wirksamsten Dogmen aus Ihrer *Firma*.«

»Jetzt habe ich bei Ihnen an eine wunde Stelle gerührt.«

»O nein, keine wunde Stelle. Sie meinen den Verdacht, dem Sektierer ausgesetzt sind. Den Verdacht, dass sie alle gewaltbereit und radikal seien und dass es nur einen Funken braucht, um das Pulverfass zur Explosion zu bringen. Weiß der Himmel, vielleicht ist es ja so. Vielleicht sind wir in unserer Grundstimmung reichlich überhitzt. Jedenfalls nicht lau, wie der Seher auf Patmos die Gemeinde in Laodicea nannte, eine frühe Manifestation von Kirche. Ihr seid weder warm noch kalt, rügte er den religiösen Verein bekanntlich, der ihm zuwider war, und im Namen des Herrn prophezeite er ihm: ›Ich will dich ausspeien aus meinem Munde!‹ Wenn das radikal ist, Herr Beermann, dann bin ich und sind meinesgleichen tatsächlich radikal. Sei's drum. Dann können die biederen Christenmenschen, die ihr Arrangement mit der Welt und ihren Frieden mit der Kirche gemacht haben, sich bequem in ihren religiösen Polstern ausruhen und uns als Sektierer beschimpfen, die man am liebsten auf dem Scheiterhaufen sähe, wenn das noch machbar und opportun wäre.«

Beermann seufzte und suchte einen Zugang von anderer Seite: »Mich beschäftigt die Frage, wie Sie werden konnten, was Sie jetzt sind. Oder wie das in Ihnen Raum gefunden hat, was Sie heute vertreten.«

Franck überlegte: »Ein langer Weg, und gar nicht geradlinig«, versicherte er ruhig. »Einen Anstoß lieferte wahrscheinlich ein Spleen, der mich vor Jahren, noch während meiner Schulzeit, ergriffen hatte. Familienforschung. Erkundung der eigenen Wurzeln. Ich verkroch mich in Ulmer Archiven und vertiefte mich in alte Kirchenbücher, mit verblüffendem Ergebnis.«

»Ach ja?«, drängte Beermann.

»Ich entdeckte, dass ich direkter Nachfahre eines einigermaßen bekannten Menschen bin, 16. Jahrhundert, Zeitalter der Reformation.«

»Sebastian Franck!«, stieß Beermann hervor.

»In der Tat. Sebastian Franck, mein Urvater. Beheimatet über Jahre hier in Ulm, bis er 1539 schändlich aus der Stadt gejagt wurde, nicht zuletzt auf Betreiben des ehrenwerten Professors Melanchthon, dieses Baumeisters der lutherischen Kirche mit all ihrer Rechthaberei. Er hat eine Menge Schriften verfasst, mein Urahn Sebastian Franck, aber er war ein Spinner und Teufelsjünger in den Augen der renommierten kirchlichen Herrschaft, die ihn am liebsten ausradiert hätte aus der reformatorischen Geschichte. Ich habe seine Schriften gelesen, alle. Viele darunter mit Mühe, weil sie langatmige Chroniken aneinanderreihen mit dem Ziel, den geheimen Weltlauf ausfindig zu machen und zu demonstrieren, wie alles dem Untergang und dem Verderben entgegeneilt. Ein bisschen Oswald Spengler der damaligen Zeit. Aber dann stieß ich immer deutlicher auf das, was ihn tatsächlich bewegt hat: die Wirkungen des Geistes nämlich und die Zugänge zu einem Reich des Geistes, das eben nicht von dieser Welt ist und zu dem nur findet, wer die Mauern und Zäune dieser Welt entschlossen durchbricht und hinter sich lässt. Im Jahr 1531 hat er einen wunderbaren und auch wunderbar heftigen Brief an Johannes Campanus an den Niederrhein geschickt, damals lebte er selber noch in Straßburg. Dieser Brief ist ein Manifest seiner Kirchenkritik und seines eigenen spirituellen Aufbruchs. Die ganze äußerliche Kirche samt ihrer Gottesdienste und Sakramente ist ein Spielzeug aus den Händen des Satans, erklärt er. Lauter Flitterkram und Gaukelei zur Täuschung und Betäubung einfacher Gemüter. Was äußerlich ist, kann nicht anders als weltlich sein und ist als solches bereits gerichtet. Soll man's etwa beklagen, wenn der

Kirche die verfluchten Äußerlichkeiten genommen werden, die den Geist nicht mitteilen, sondern gerade hindern? Soll es verwerflich sein, wenn man heilige Stätten, heilige Sitten, heilige Gegenstände abschafft? Und jetzt wörtlich: ›Es ist dem Kind doch nichts genommen als seine Puppe, mit der lang genug gespielt worden ist.‹ Das ist Sebastian Franck. Ich war buchstäblich begeistert, nachdem ich ihm näher begegnet bin, und Zug um Zug bin ich zum Sektierer geworden, wie er selbst einer war.

Und noch etwas ist bei ihm, das ihn sehr modern erscheinen lässt. Es hat mit der Gesellschaft zu tun, die sich vorhin in diesem Raum versammelt hat, eine Runde aus Vertretern ganz unterschiedlicher Religionen und Kulturen. Der Sufi aus Isfahan ist dabei, Muslime aus der Türkei, ein Hindu, natürlich Christen, nur leider kein Jude bisher. Unsere Gemeinsamkeit finden wir nicht im Bekenntnis, sondern in der Erfahrung. Erfahrung des Geistes. Davon hat schon mein Ulmer Urahn gewusst und leidenschaftlich geträumt. Als die Reformatoren feste dabei waren, ihre Spieße gegen Juden und Türken zu wenden, hat Sebastian Franck jenen Gott verkündigt, der hoch über den Nationen und Religionen steht und sich genauso zu den Griechen wie zu den Barbaren und Türken verhält, nämlich mit der Absicht, ihnen allen seinen Geist einzugeben, damit ihr Herz davon erleuchtet werde. Wenn radikal bedeutet, keine faulen Kompromisse einzugehen und zu vermeiden, dass Innen und Außen, Geist und Welt heillos vermengt werden, dann war er meinetwegen radikal. Und dann bin ich's genauso.«

Auf der Rückfahrt war Beermann stumm wie ein Fisch. Er wirkte in sich gekehrt. Bettinas Gesprächsanstöße nahm er nicht auf, schien sie nicht einmal zu registrieren. Er fuhr wie stumpfsinnig auf der rechten Fahrbahn hinter einem Tanklaster her und dachte nicht ans Überholen. Als sie dem gefährlichen Albabstieg näherkamen, der allen Autofahrern eine konzentrierte Aufmerksamkeit abverlangt, schlug Bettina vor, beim nächsten Parkplatz einen Fahrerwechsel vorzunehmen. Zu ihrer Überraschung war Beermann einverstanden. Er lenkte den Wagen auf einen Stellplatz, überließ Bettina das Steuer und setzte sich selbst auf den Beifahrersitz.

»Ist schon besser so«, gab er zu. »Ich bin mit den Gedanken nicht auf der Straße.«

»Und wo bist du mit deinen Gedanken?«

»Beim sonderbaren Sebastian Franck und seinem leibhaftigen Urenkel.«

»Glaubst du an dessen Schuld?«

»Nicht an seine persönliche Tat, aber vielleicht an die Schuld der Ideen, die in seinem Kopf umgehen und die er ja nicht für sich behalten hat.«

Am Donnerstag scheuchte Parler seinen pastoralen Amateurfahnder bereits beim Frühstück auf. Beermann legte die Zeitung zur Seite, kaute sein Brötchen zu Ende und meldete sich am Telefon.

»Hören Sie«, begann Parler ohne Schnörkel, »wir sollten dringend ein paar Informationen austauschen.«

»Dringend«, wiederholte Beermann und dachte nicht daran, sein geräuschvolles Kauen einzustellen. »Stört es Sie, wenn ich unterdessen meinen Kaffee zu Ende trinke? Ich bin nämlich beim Frühstück.«

»Nein, stört mich nicht«, erwiderte Parler trocken. »Machen Sie nur. Ich fange einfach an zu erzählen. Über diesen verdächtigen Kandidaten in Berlin. Die Kripo dort hat ihn schnell ausfindig gemacht und in seiner Wohnung besucht. Er war wenig erbaut davon, noch weniger vom Verhör. Ja, gab er zu, Kathrin Engelhart habe er persönlich gekannt. Sogar ziemlich gut. Sie sei eine attraktive Person und eine recht passable Schauspielerin gewesen. Mit entsprechender Ausbildung hätte aus ihr was werden können, beim ganz großen Theater, nicht bloß auf der Studentenbühne. Aber sie habe ja nicht gewollt, wegen der Theologie und dem Pfarramt, die ihr entschieden mehr am Herzen gelegen hätten. Die Frage, ob sie ein Verhältnis miteinander hatten, verneinte er. Gute Freunde seien sie gewesen. Ob es Differenzen gegeben habe und sie schließlich im Streit voneinander geschieden seien? Eigentlich nein. Ob er Versuche angestellt habe, sie zurückzugewinnen, als sie erst ihn und dann Berlin verlassen habe? Paar Telefonate, das sei alles gewesen. Endlich die Terminfrage, die Nagelprobe bei jeder Vernehmung. Und siehe da: der angebliche Stalker befand sich zur Tatzeit nachweislich in der Bundeshauptstadt. Zeugen konnte er benennen, und die Zeugen haben seine Angaben bestätigt. Ein wasserdichtes Alibi.«

Beermann schluckte seinen Kaffee. Also nichts. Ein Schlag in Wasser. Eine fette Spur war das gewesen, aber nun hatte sie sich in Wohlgefallen aufgelöst.

»Dann können wir uns Berlin und den Stalker also abschminken« sagte er.

»Wahrscheinlich schon«, meinte Parler, »aber ich bin von meinem Naturell her Sammler. Sie wissen ja: Jeder von uns ist entweder Sammler oder Wegwerfer. Meine Frau ist die perfekte Wegwerferin. Ich habe mir angewöhnt, regelmäßig die häuslichen Papierkörbe zu kontrollieren, bevor deren Inhalt in den Container wandert. Sie schmeißt nicht bloß Zeitungen weg, die ich noch lesen möchte, sie bringt es auch fertig, Bankunterlagen und sonstige Dokumente zu entsorgen, wenn sie ihr störend im Wege sind. Ich sage Ihnen, bei der Sperrmüllabfuhr muss ich auf der Hut sein wie ein Wachhund. Weil sie meine Leidenschaft fürs Sammeln und Bewahren kennt, schleicht sie sich erst am späten Abend in den Keller, um auf die Straße zu schleppen, was am nächsten Morgen abgeholt werden soll. Und ich muss dann noch später, quasi mitten in der Nacht, wenn sie bereits schläft, raus auf die Straße und das ganze Zeug wieder ins Haus und in den Keller schaffen.«

»Der Bestand einer guten Ehe hängt daran, dass einer von beiden ein Sammler und der andere ein Wegwerfer ist«, offenbarte Beermann. »Zwei Sammler oder zwei Wegwerfer steuern unweigerlich auf die Katastrophe zu. Entweder ersticken sie im Müll oder es fehlt ihnen an allem. Ihre Ehe ruinieren sie so oder so.«

»Gut, Sie kennen sicher Beispiele aus Ihrer Seelsorgepraxis. Aber worauf ich hinauswollte, Beermann, ich bin Sammler, und das bedeutet für meine Berufstätigkeit: Ich lasse keine Spur aus den Augen. Einen Verdacht, der sich einmal ergeben hat, lasse ich nicht fallen, selbst wenn er entkräftet zu sein scheint. Man weiß nie. Auch beim besten Alibi bleiben Möglichkeiten offen. Der Verdächtige muss zum Beispiel nicht selber den Brand gelegt haben. Er könnte einen Halunken beauftragt und bezahlt haben dafür.«

»Naja«, unkte Beermann, »ziemlich weit hergeholt, finde ich.«

»Wie Sie wollen«, entschied Parler, »legen wir das Kapitel Berlin und Stalker vorläufig beiseite. Haben Sie in Ulm etwas erreicht?«

»Gestern war ich mit meiner Frau dort«, berichtete Beermann, »wir haben diesen Franck auch angetroffen. Er versteckt sich überhaupt nicht und redet frei von der Leber weg. In kurzer Zeit hat er uns einen Haufen von dem aufgetischt, was ihn beschäftigt und was er tut.«

»Nämlich?«

»Er hat Kathrin Engelhart gekannt und gemocht, aber sie fanden in ihren Überzeugungen und Lebenszielen nicht zueinander.«

»Inwiefern?«

»Ganz simpel geredet, weil sie für und er gegen die Institution Kirche war.«

»Gegen die Kirche wird ja nun tatsächlich derjenige gewesen sein, der die ›Krypta‹ abgefackelt, die Dreieinigkeitskirche angezündet und Ihre Sakristei verwüstet hat.«

»Franck weist es weit von sich, der Täter gewesen zu sein.«

»Aber er möchte der Kirche an die Wäsche, sozusagen.«

»An die Wäsche«, überlegte Beermann laut, »würde ich so nicht sagen. Er lebt in der Vorstellung, dass die Kirche ein verkorkstes und korruptes Unternehmen sei, das auf die verbreitete religiöse Anfälligkeit der Menschen setzt und daraus mächtig viel Kapital schlägt.«

»Eine Einschätzung, die ich auch sonst schon gehört habe.«

»Klar. Von solchen, die mit Kirche und Religion überhaupt nichts mehr am Hut haben. Aber zu denen gehört unser Franck eben nicht. Er ist ein ausgesprochener Eiferer für die *wahre* Kirche und die *echte* Religion. Das hat er uns in aller Deutlichkeit zu verstehen gegeben. Schon sein Familienname ist Programm für ihn. Weil er in die großen Fußstapfen seines Urahns treten will, eines gewissen Sebastian Franck, der auch in Ulm lebte, und zwar zur Reformationszeit, und der ein linker Vogel in der damaligen Bewegung war.«

»Ein linker Vogel?«

»Ja. Keine Reformen wollte dieser Sebastian Franck, sondern eine richtige Revolution. Eine radikale Abschaffung aller äußerlichen Kirchentümer. Und eine Grunderneuerung von innen heraus. Aus dem reinen Seelenfunken heraus, den der Schöpfer in jedem entzündet hat und der das einzig Wichtige und Wahre im Leben darstellt. Franck wollte damals, was sein Urenkel heute auch gern hätte, nämlich: ›Was innerliches Licht war, wird zur verzehrenden Flamme, die sich nach außen wendet‹.«

»Klingt etwas pathetisch«, warf Parler ein.

»Stammt nicht von mir. Ist Zitat.«

»Aha, von diesem linken Franck aus der Reformationszeit.«

»Nein, vom linken Karl Marx.«

»Da schau her! Und der hatte ja nun wirklich nichts

anderes im Kopf, als eine gewaltige Revolution. ›Verzehrende Flamme.‹ Seltsam. Ohne Feuer und Brandstiftung scheint es nicht zu gehen… War sonst noch was mit dem jungen Franck in Ulm?«

»Nichts, was im Augenblick der Erwähnung wert wäre. Ich halte den Mann für einen Wirrkopf, aber nicht für einen Mörder. Er ist sensibel, nicht brutal.«

»Das muss kein Gegensatz sein«, meinte Parler, »manchmal trifft man auf die erstaunlichsten Kombinationen. Doch da ist noch etwas, das ich wenigstens antippen möchte.«

»Bitte.«

»Haben Sie schon mal von einer *ASK* gehört?«

»ASK?«

Beermann überlegte. »Nein, ich glaube nicht.«

»ASK steht für *Aktion Saubere Kirche*.«

»Ach, klingt nach kommerzieller Putzkolonne im kirchlichen Dienst.«

»Was Ähnliches. Bloß nicht kommerziell, sondern ehrenamtlich. Eine vermutlich kleine Gruppierung, die bisher so gut wie gar nicht in der Öffentlichkeit aufgetreten ist. Abgesehen von einer bescheidenen Handzettelaktion, die kürzlich in der Königstraße durchgeführt wurde. Beamte unsrer Sonderkommission haben mich darauf aufmerksam gemacht.«

»Und was stand auf den Handzetteln?«

»Krauses Zeug, würde ich sagen. Aber auch Deftiges. Proteste gegen Unzucht und Laster, konkret: gegen Schwule und Lesben.«

»Ach so, und deshalb eben *Saubere Kirche*.«

»So stand's unten auf den Zetteln. Und da muss man als Fahnder einfach ins Nachdenken kommen, wenn in Ihrer Kirche eine Lesben-Trauung stattfinden sollte und genau dort kurz vorher eine Bombe hochgeht, die eine junge Vikarin gleich miterledigt.«

»War erkennbar, wo diese dunkle Gruppierung ihren Standort hat?«

»Nicht in Stuttgart jedenfalls. Die Landeshauptstadt scheint nur ihr Operationsgebiet zu sein. Zu Hause dürfte die Bande – nun, raten Sie mal! – in Ulm sein. In Ulm oder um Ulm oder um Ulm herum.«

Wenige Tage später konnte Parler einen Fahndungserfolg verzeichnen.

Experten der Spurensicherung hatten die Trümmer der Sakristei durchkämmt und jedes Partikel eingetütet, das den Anschein erweckte, zum Sprengsatz gehört zu haben. Im Labor setzten sie kleinste Einheiten zusammen und präsentierten dem Chef der Sonderkommission *Brennende Kirchen* ihr Ergebnis.

Sie hatten herausgefunden, dass die Bombe von relativ einfacher Machart gewesen war, eine brisante Mischung aus einschlägigen Chemikalien, die den Bauch eines Blechkanisters füllte. Dieser war mit einem Kontaktzünder versehen, was eher selten vorkam. In der Regel, erklärten die Fachleute, würden Brandsätze mit Zeitzünder, also mit eingebauter Uhr, verwendet, sofern man die Apparate nicht sofort manuell zur Explosion brachte. Der Effekt beim Kontaktzünder bestehe darin, dass der Brandsatz durch einfache Berührung in die Luft fliege. Leichtes Antippen reiche gewöhnlich, und wenn jemand im Dunkeln über so einen Kasten stolpere, sei die Sache in jedem Fall gelaufen. Sie funktioniere sicherer als mit Zeitzünder. Der Nachteil sei, dass ein Attentäter nicht ohne weiteres mit dem Zusammentreffen mehrerer Faktoren rechnen könne. Denn erstens müsse er den Sprengsatz heimlich und genau platzieren. Dann sollte gewährleistet sein, dass sich exakt die Person in Kürze nähere, auf die man's abgesehen habe. Vorausgesetzt, man wolle eine bestimmte Person erledigen. Und schließlich müsse auch noch vorausberechnet werden, welchen Weg die gewünschte Person gehen werde, um im rechten Augenblick auf das Satansding zu treffen. Wegen solcher Unwägbarkeiten kämen Anschläge nach dieser Methode nicht oft vor.

Die Ermittlungen kamen auf Touren. Gespeicherte Daten von Verdächtigen wurden durchmustert, und es gab einige Kandidaten, die mit dem Gesetz in Konflikt gekommen und hinter Gittern gelandet waren, weil sie selbst gerne zündelten oder technische Hilfe zum Zündeln verkauften. Zwei von ihnen waren vor einigen Wochen aus der Strafanstalt entlassen worden. Man stellte den Kontakt zu ihnen her und wurde enttäuscht. Einer war ausgewandert, der andere lag nach einem schweren Verkehrsunfall seit längerem im Krankenhaus.

Eine heiße Spur sollte sich trotzdem zeigen und sie führte in eine schummrige Kneipe nach Zuffenhausen. Ein Mitglied der Sonderkommission mit guten Verbindungen zum zwielichtigen Milieu hatte den Hinweis aufgeschnappt, dass ein begabter Feuerwerker in der Zuffenhausener Kaschemme verkehre, gewöhnlich abends nach zehn, um dort mit Freunden Skat oder Poker zu spielen. Er sei von eher schmächtiger Statur, habe über der Stirn gelichtetes Blondhaar und trage immer einen grünen Schal um den Hals, egal ob draußen oder drinnen. Entweder sei ihm fortwährend kalt oder er habe was unterm Kinn oder am Hals zu verbergen.

Parler setzte sich noch am selben Abend in Trab. Er saß allein in seinem Dienstwagen und beklagte den Verlust seiner Assistentin. Feray hatte geheiratet und anschließend ihren Dienst quittiert. Nun war der Hauptkommissar auf sich selbst gestellt, weil sich ein Ersatz für Feray verzögerte. Stellenstreichungen und Personalmangel bei der Polizei, das alte Lied. Und dann wunderte sich die Öffentlichkeit, dass nicht jeder Taschendieb *stante pede* erwischt und ihm so kräftig auf die Finger geklopft wurde, dass sie ihm bei nächster Gelegenheit nicht wieder ausrutschten.

Vor der Wirtschaft parkte Parler seinen Wagen und betrat den Gastraum. An der Theke hingen ein paar Gestalten herum, denen er zutraute, bereits nähere Bekanntschaft mit der Justizvollzugsanstalt im benachbarten Stammheim gemacht zu haben. Diese wiederum beäugten ihn skeptisch, als witterten sie auf Anhieb den Polizeibeamten. In der hinteren Ecke hockte tatsächlich ein Mensch mit spärlichem Haar und grünem Schal um den Hals. Er drosch seine Karten auf die nackte Tischplatte und grinste den Spielpartnern ins Gesicht. Parler schob sich an ihn heran, legte ihm eine Hand auf die Schulter und erklärte, er hätte gern ein paar Auskünfte von ihm. Der Schalträger schaute kurz zu ihm auf, machte eine ruckartige Bewegung, und schon kippte der ganze Tisch Parler vor die Füße. Münzen klingelten und Geldscheine segelten zu Boden, während die Gläser ihren Inhalt überall hin ergossen. Parler, dem die stürzende Tischplatte hart gegen die Schienbeine gestoßen war, konnte nicht verhindern, dass der Schalträger an ihm vorbei zum Ausgang stürmte und verschwand. Er hätte sich nun gern gesetzt, weil beide Beine gewaltig schmerzten, aber da bot sich kein Stuhl an in seiner Nähe, und die Zecher am Tresen und an benachbarten Tischen erweckten nicht den Eindruck, als wollten sie ihn zum Verweilen einladen. Um Missverständnisse, die allerdings gar nicht vorlagen, auszuschließen, zückte Parler seinen Dienstausweis und machte deutlich, dass er Kriminalbeamter und in Verfolgung einer Straftat anwesend sei. Das wirkte immerhin soweit, dass sich die Lage allmählich beruhigte, auch wenn die offenkundige Feindseligkeit anhielt. Parler wandte sich an die Tischgenossen des Schalträgers. Sie behaupteten, den Flüchtigen kaum zu kennen und genau genommen eigentlich überhaupt nicht. Der Name sei ihnen unbekannt, die Adresse erst recht, und was er außerhalb dieser Kneipe so treibe, entziehe sich vollkommen ihrer Kenntnis. Ab und zu begegne man sich in diesem Laden, ja, man trinke ein Gläschen miteinander, spiele ein paar Runden, aber mit Reden sei nicht viel. Der Wirt hielt sich in ähnlicher Weise bedeckt und ließ durchblicken, dass er den Auftritt des Kommissars als extrem geschäftsschädigend betrachte. Ihm ehrbare Gäste mit empfindlichen Nerven tollpatschig zu vergraulen, verbitte er sich für die Zukunft. Parler trat den Rückzug an und humpelte verärgert zu seinem Wagen.

Die Überraschung am folgenden Morgen bestand darin, dass der Flüchtige sich auf der Polizeiwache in Stammheim gemeldet hatte. Parler ließ ihn zu sich aufs Kommissariat holen und begann die Vernehmung. Er notierte sich Namen und Anschrift des Verdächtigen und fragte diesen *Sascha*, weshalb er am Abend zuvor wie in wilder Panik davongelaufen sei.

»Weil ich Angst hatte«, antwortete der, »es war saublöd, ich weiß. Vor einem Mann von der Kripo läuft man nicht weg, da kuscht man und hält am besten gleich beide Hände hin, damit der Arm des Gesetzes hergehen und seine Handschellen anbringen kann.«

Parler war Liebenswürdigkeiten dieser Art gewohnt und reagierte nicht darauf.

»Sie sind Stammgast in dem Zuffenhausener Lokal?«, fragte er stattdessen.

»Mein Gott, Stammgast«, wehrte Sascha ab, »ich geh da eben hin, wenn mir's langweilig wird, aber eigentlich ziemlich selten.«

Erst jetzt fiel Parler auf, dass seinem Gegenüber die linke Hand fehlte. Der Stumpf war mit einem gestrickten Wollstoff umwickelt, und Parler hatte das Gefühl, dass Sascha ihn mit voller Absicht zur Schau stellte.

»Unfall?«, fragte er deshalb, indem er mit dem Kinn auf den versehrten Arm wies.

»Kann man sagen, ja.«

»So mancher Feuerwerker oder Bombenbastler sprengt sich aus Versehen einen Fuß oder eine Hand vom Leib.«

»Soll vorkommen, ja.«

»Ich kannte einen alten Jäger, der in der allgemeinen

Verwilderung der Nachkriegszeit einen Fuchsbau mit Dynamit ausheben wollte. Dem ist dasselbe Missgeschick passiert.«

»Pech für ihn.«

»Zumal ihm die rechte Hand abgerissen wurde bei seinem Fehlversuch.«

»Bei mir ist bloß die linke weg.«

»Sehen Sie, Sie sind ein richtiger Glückspilz. Aber jetzt genauer zur Sache. Sie experimentieren mit Sprengstoff? Rein aus Jux oder gegen Bezahlung?«

»Ich bin Invalide, wie Sie sehen. Seit mehr als drei Jahren.«

»Und vorher? Wie ist es zum Unglück mit Ihrer Hand gekommen?«

»Berufsrisiko.«

»Risiko bei was für einem Beruf?«

»Ich war Sprengmeister. Gelernter und geprüfter und ehrlich angestellter Sprengmeister. Habe gearbeitet in einem Steinbruch auf der Alb, nicht weit vom Hohenneuffen. Eine saubere Sache und bei Beachtung gewisser Vorsichtsmaßnahmen auch ziemlich ungefährlich. Beinahe ein Kinderspiel.«

»Und trotzdem hat es Sie erwischt.«

»Ja, trotzdem. Aus reiner Schusseligkeit.«

»Sie wurden Invalide und können nun vorzeitig Ihre Rente genießen.«

»Naja, Herr Kommissar, genießen Sie mal die paar Kröten aus einer lumpigen Rente.«

»Es reicht vorn und hinten nicht, wie?«

»Nee.«

»Erst recht nicht zu einem regelmäßigen Umtrunk in der Kneipe. Klar, da muss man zusehen, wie man ein bisschen hinzuverdient. Ruhig auf die etwas krumme Tour und an der Steuer vorbei. Macht ja jeder. Die Großen mit saftigen Gewinnen und die Kleinen für den Notgroschen.«

»Genauso isses, Herr Kommissar.«

»Und als Sie so drüber nachgedacht haben, wie Sie auf diese oder jene Art an Knete kommen könnten, ist Ihnen Ihr altes Handwerk eingefallen. Die Sache mit Sprengstoff und mit exakt zu berechnenden Explosionen.«

»Wie Sie bloß darauf kommen, Herr Kommissar, aber es stimmt. Stimmt hundertprozentig. Ich hab nichts weiter gemacht, als genau dort wieder anzufangen, wo ich vorher aufhören musste, jetzt aber freiberuflich.«

»Und Sie fanden Kunden für Ihre Produkte, zum Beispiel zahlungskräftige Salafisten.«

»O nein, Herr Kommissar, das nun nicht. Auf gar keinen Fall! Nie im Leben hätte ich einem Salafisten einen Sprengsatz verkauft. Ich bitte Sie: Schließlich hat der Mensch moralische Grundsätze, und wir halten uns doch an die abendländischen Werte, oder?«

»Also keine Salafisten. Für wen haben Sie sonst gebastelt?«

»Herr Kommissar, harmloses Zeug hab ich gebastelt, glauben Sie mir. Feuerwerksgeknalle. Natürlich schon von der Sorte, wie Sie's nicht einkaufen können im nächsten Spielwarenladen, auch nicht vor Silvester. Schon mit tüchtigem Effekt. Aber eben rein um des Effektes willen. Sie ahnen ja nicht, wie viele Bonzen für ihre ausgefallenen Feste nach irgendeinem Nervenkitzel Ausschau halten, nach einem Knalleffekt, damit die Gäste nachher sagen, es war toll, und deine Shows sind wirklich die allerfeinsten.«

»Und da bieten Sie sich als Zauberkünstler an, mit Blitz und Donnerschlag.«

»Als Feuerwerker, Herr Kommissar. Nicht mehr und nicht anders.«

»Haben Sie schon mal von der ASK gehört?«

Sascha stierte verblüfft und schüttelte den Kopf.

»ASK«, wiederholte Parler, »steht für *Aktion Saubere Kirche*.«

Sascha schaute weiter ungläubig und verzog seine Miene zu einem breiten Grinsen: »Herr Kommissar, Sie wollen mich verscheißern, oder?«

»Wie käme ich dazu«, empörte sich Parler künstlich. »*Aktion Saubere Kirche*, was haben Sie damit zu tun? Welchen Auftrag haben Sie von dort erhalten?«

Saschas Staunen ging in Belustigung über: »Also wissen Sie, mit Kirche, da können Sie bei mir nicht landen. Aber ganz und gar nicht. Damit hab ich nie was zu tun gehabt, Gott sei Dank, und will ich nie was zu tun kriegen. Kirche! Was soll denn das?«

»Können Sie einen Sprengsatz mit Kontaktzünder anfertigen?«, fragte Parler unvermittelt.

Sofort wich das Grinsen aus Saschas Gesicht. Er drehte den Schalter um, von Erheiterung auf Wachsamkeit. Mit der rechten Hand rieb er über seinen linken Armstumpf und lauerte aus zusammengekniffenen Augen: »Warum fragen Sie das, Herr Kommissar?«

»Beantworten Sie meine Frage, bitte!«

Sascha fingerte mit seiner unversehrten Hand am

grünen Wollschal herum, als werde ihm plötzlich heiß oder als kratze ihn das Stück Stoff. »Ich habe gelernt, Sprengsätze ganz unterschiedlicher Art zu bauen, das gehörte zu meinem Beruf, wie Sie wissen.«

»Ich möchte es genauer«, beharrte Parler, »also: mit Kontaktzünder?«

Sascha fühlte sich offensichtlich bedrängt, wickelte den Schal vom Hals und legte ihn mit der Sorgfalt eines Pedanten auf seinen Knien zusammen.

»Ja,« sagte er endlich, »ich kann's auch mit Kontaktzünder. Und damit Sie's gleich wissen, Herr Kommissar, mit dem Brandanschlag auf die Kirche, wo eine Frau ums Leben gekommen ist, habe ich nichts zu tun. Weshalb sollte ich auch? Die Kirche ist mir egal, und die Frau habe ich nie gesehen. Außerdem arbeite ich nicht für Attentäter und Terroristen. Ehrensache! Ich bastele allein für Unterhaltungszwecke.«

»Mag ja sein. Aber wenn nun einer zu Ihnen käme mit einer Brieftasche voller Scheine, und er verlangte einen speziellen Sprengsatz mit Kontaktzünder, gegen großzügiges Honorar, versteht sich; könnten Sie dem helfen?«

Sascha druckste eine Weile unschlüssig herum, bevor er sich zu einem »Ja, könnte ich« entschied.

Parler hakte nach: »Haben Sie in letzter Zeit einen entsprechenden Handel abgeschlossen und Ihr Produkt geliefert?«

»Ich hatte ja keine Ahnung«, stieß Sascha hervor, der auf einmal allen Widerstand wie eine untauglich gewordene Rüstung ablegte. »Einmal bin ich in Versuchung geraten und habe so ein Ding fabriziert. Einmal! Das Angebot war umwerfend. Wie ein Gewinn im Lotto. Und da meinte ich, das darfst du dir nicht entgehen lassen! Jetzt könnte ich mich ohrfeigen deswegen.«

»Von wem kam die Bestellung?«

»Weiß ich doch nicht!«, empörte sich Sascha. »Wenn ich es wüsste, hätte ich nach dem Mordanschlag in der Kirche gleich dafür gesorgt, dass er geschnappt wird.«

»Vielleicht«, wandte Parler ein, »vielleicht auch nicht. Immerhin mussten Sie damit rechnen, dass der Mörder auch Sie als Lieferanten der Bombe belasten könnte.«

Sascha schwieg und knetete seinen Schal.

»Mit irgendjemandem müssen Sie ja in Verbindung getreten sein«, fuhr Parler fort, »entweder mit dem Täter selbst oder mit einem Mittelsmann. Was können Sie darüber sagen?«

»Wenig«, sagte Sascha, »und nichts Genaues, glauben Sie mir. Es gab einen Anruf ohne Namensnennung, Andeutungen über ein lukratives Geschäft und eine Verabredung auf einer Bank am Neckarufer. Nicht bei Tageslicht, sondern in der Nacht. Ich bin hingegangen und habe einen Mann getroffen, der sich Mühe gab, wie ein Maskierter aufzutreten. Auch die Stimme war zweifellos verstellt. Er bot mir eine große Summe für einen Kasten, der auch schon bei leichter Berührung in die Luft fliegen sollte. Ich weigerte mich und sagte, dass ich solche Höllenmaschinen nicht konstruiere, für nichts und für niemand. Er erhöhte sein Angebot. Er erzählte mir, dass er kein Gangster sei und auch kein verrückter Terrorist, sondern das Ding benötige zum Schutz seiner abgelegenen Farm irgendwo in Osteuropa. Da gebe es Wölfe, die Appetit auf seine Viecher hätten, sogar die Spur eines Bären habe er am Zaun entlang entdeckt.«

»Und nun wollte er den Bären erledigen, wenn der aus Versehen auf die Bombe trat?«

»Ja, so ungefähr.«

»Und dass der Mann Ihnen einen mächtigen Bären aufgebunden hat, darauf sind Sie nicht gekommen?«

Sascha wand sich: »Herr Kommissar, sehen Sie, das ist so: Wenn dich erst die Gier am Haken hat, dann kannst du leichtgläubig werden wie ein Kind.«

Daran mochte Wahres sein. Sehr überzeugend allerdings wirkte Saschas psychologische Selbsteinschätzung nicht. Der Hauptkommissar musste sich trotzdem damit begnügen. Er wusste, dass er mit seiner Vernehmung am Ende einer Sackgasse angelangt war. Eine Täterbeschreibung, und sei sie noch so lückenhaft, konnte oder wollte Sascha ihm nicht bieten. Außerdem schied er selbst als Täter aus, mangels irgendeines erkennbaren Motivs. Er hatte die Bombe gebaut und an einen Unbekannten verkauft. Und nicht einmal die Frage war eindeutig zu beantworten, ob er seinen Handel in naiver Leichtgläubigkeit abwickelte oder recht genau wusste, wozu sein Bastelwerk dienen sollte.

Das Einweckglas mitten auf seinem Schreibtisch fiel Beermann sofort in die Augen, als er sein Amtszimmer betrat. Wie ein Fremdkörper stand es zwischen aufgeschlagenen Büchern und gestapelten Papieren. Statt des Deckels war es mit einem durchlöcherten Pergamentpapier verschlossen, und Beermann wusste, dass ihm Bettina einen kleinen Überraschungsgruß hingestellt hatte. Auf dem Boden des Glases ruhte unter ausgebreiteten Blättern und Blüten ein herrlicher Schmetterling.

Es war ein Admiral. Schwarzsamtig mit weißen Flecken und zinnoberrotem Band schimmerte sein Flügelkleid, das Beermann an die Struktur eines Pflanzenblattes erinnerte, ein Gebilde aus lauter Licht und Farben. Seine Gefangenschaft sollte rasch enden, und Bettina hatte es sicher auch gar nicht anders gewollt. Beermann trug das Glas in den Garten und nahm den Pergamentverschluss ab. Der Falter mochte die Freiheit ahnen, doch er nahm sich Zeit. Der Platz auf den Blüten im Glas war ihm wohl angenehm. Beermann ging hinüber zu den Rosenstauden, unter denen der lichtblaue Lavendel duftete, und entleerte das Glas vorsichtig auf die Erde. Der Admiral faltete seine Flügel auf und wieder zusammen, vibrierte wie in heftiger Erregung, um den Wärmegrad zu entwickeln, den seine Muskeln zum Aufflug benötigten, und schon schwang er sich empor, taumelte eine Runde wie ziellos umher und stieg endlich geradewegs in den grellen Glanz der Sonne auf, sodass Beermann geblendet die Augen schließen musste. Als er sie wieder öffnete, war der Falter verschwunden.

Goethe fiel ihm ein:

Keine Ferne macht dich schwierig,
Kommst geflogen und gebannt,
Und zuletzt, des Lichts begierig,
Bist du, Schmetterling, verbrannt.

Verbrannt, ja. Empedokles stürzt sich in die kochende Glut des Ätna, ein Nachtfalter ins Kerzenlicht, und das Leichte und Schöne wird ein Opfer des Feuers. Beim antiken Philosophen war es eine Folge seiner Sehnsucht, und entsprechend hat es der Dichter für den Falter und dessen Sehnsucht mit Todesfolge angenommen. Moment höchster Lust und Moment der Vernichtung zugleich. ›Ist das Erfüllung oder Tragik?‹, dachte Beermann. Und was war mit den Flammenhöllen eines ganz anderen Ausmaßes? Mit Napalm hatten amerikanische Truppen in Indochina gewütet, mit dem atomaren Feuerball in Japan. Seither brannte die Erde und verbrannte Leben überall rund um den Globus. Und neuerdings brannte es in Kirchen und verbrannte eine junge Frau in der Sakristei. Beermann fuhr sich mit den Fingern durchs Haar. Keinerlei Sehnsucht und kein vertrackter Todestrieb waren erkennbar bei diesen Anschlägen der vergangenen Wochen. Nur Tragik. Und Irrsinn. War Richtiges an den Zusammenhängen, die seine Kollegen Hus und Flözer hergestellt hatten, dann war da vielleicht weit im Hintergrund mal eine Sehnsucht aufgeblüht, ein ›heißes Verlangen‹ sozusagen, aber das war schnell krank geworden und hatte mit fiebrigem Geist bloß Irrwitziges zustande gebracht.

Er musste herausfinden, was die Verfechter der ASK tatsächlich beabsichtigten.

Gerade wollte er zurück in sein Arbeitszimmer, als ein Kopf mit verschwurbeltem Haar um die Hausecke gestreckt wurde. Beermann erkannte Erwin, der auch gleich, vollgestopfte Plastiktüten in beiden Händen, auf ihn zu steuerte.

»Hallo, Erwin«, sagte Beermann.

»Jott zum Jruße«, erwiderte Erwin feierlich und stellte

seine Habseligkeiten neben der Terrassentür ab zum Zeichen, dass er ein wenig zu bleiben gedachte. Beermann führte ihn zu den Gartenstühlen, und Erwin setzte sich ächzend zurecht. »Lange nich jesehen, Herr Pfarra«, eröffnete er das Gespräch.

»Naja«, relativierte Beermann, »kommt mir eher nicht so lange vor.«

»Ach Jott, ja«, meinte Erwin tiefgründig, »die Zeit verjeht man immer wie im Fluge.«

Beermann machte den Gastgeber und erkundigte sich, was er anbieten dürfe: »Kaffee? Tee?«

»Och, Herr Pfarra«, grummelte Erwin gemütlich und leckte sich die Lippen, »wenn Se schon so nett fragen, denn nehm ick jern'n Tee mit Rum.«

Beermann verbeugte sich wie ein Butler, ging ins Haus und gab die Bestellung an Bettina weiter. Mit Erwin erörterte er anschließend ein paar Grundfragen der politischen Gegenwart, bis Bettina mit einem Tablett erschien, von dem sie den Tee, ein Gläschen Rum sowie eine Schale Gebäck auf den Tisch stellte. Erwin bedankte sich artig, schluckte den Rum in einem Zug hinunter und ließ Tee und Gebäck unberührt. Beermann wartete. Irgendetwas musste jetzt passieren, denn Erwin tauchte nie ohne bestimmten Grund bei ihm auf. Und so schien es auch diesmal zu sein.

»Wissen Se«, sagte der Gast und befingerte sein Rumglas, offenbar bedauernd, dass er's bereits geleert hatte, »die Zeiten sind wirklich jnadenlos. Heute haste was und schon morjen isses wech.«

Beermann hörte sich die trüben Betrachtungen schweigend an.

»Ick hab da nämlich ne janz prima Wolldecke jehabt, verstehn Se, nich zu dünn und nich zu dick. Nich zu dünn, dat ick nich frieren muss, wenn's kalt wird, und nich zu dick, dat se in mein Schlafsack reinpasst. Jut. Schöne Decke, anständige Ware. Und nu isse plötzlich wech.«

»Verloren?«, fragte Beermann.

»Nee, nee, Herr Pfarra, nich verloren. Auch nich liejen jeblieben irjendwo, aus Versehen. Sondern bestimmt jeklaut.«

»Aber Erwin, wer beklaut denn einen Berber?«

»Berber zum Beispiel. Vielleicht ooch andere, die keenen Anstand im Leibe haben. Denn die wissen nich, wat se tun. Ohne Wolldecke, da biste nämlich jeliefert im Winter, da nippelste ab beim Schlafen, ohne wat zu merken.«

»Im Klartext, Erwin, Sie hätten von mir gern eine neue Wolldecke für den Winter.«

Erwin wehrte energisch mit beiden Händen ab: »Nee, nee, Herr Pfarra, verstehn Se, richtich neu muss die Decke jarnich sein.« Beermann versprach, sich nachher im Haus umzusehen. Da werde sich schon was Geeignetes finden lassen.

Erwin war gerührt und atmete tief durch: »Ick kann ooch zahlen dafür«, erklärte er.

»Aber Erwin«, widersprach Beermann, »ich werde Sie doch nicht um Geld erleichtern für Sachen, die Sie dringend brauchen.«

»Ick will ja ooch jarnich mit Jeld bezahlen«, raunte Erwin verschwörerisch, »sondern mit was anderes.«

Beermann war überrascht: »Womit denn sonst, bitte?«

Erwin schaute listig: »Mit Informationen, Herr Pfarra.«

Beermann stutzte und überlegte. Wollte Erwin ihn auf den Arm nehmen? Eher unwahrscheinlich, Neigungen dieser Art hatte er bisher nicht wahrgenommen bei ihm. Oder wollte er sich wichtigmachen? Aber warum? Und selbst wenn er jetzt mit irgendetwas herausrückte, das er dem Pfarrer als ›Information‹ zum Verkauf anbot, wieviel mochte die servierte Neuigkeit wert sein? War sie überhaupt zu gebrauchen? Er musste sich eingestehen, dass er bei aller Reserve und trotz begründeter Skepsis neugierig genug war, nach dem hingehaltenen Köder zu schnappen:

»Was für Informationen sollten das denn sein, Erwin, die Sie mir liefern könnten?«

»Nu, Herr Pfarra, die Sache is die: Ick hab Ihnen doch erzählt, dat ick zufällich auf dem Jehweg vorbeikam, als unten im Kirchenkeller jemand einjeschlossen war und Krawall machte.«

»Kollege Hus in seiner ›Krypta‹, ja.«

»Ick bin erst verduftet, weil, zu Heldentaten bin ick nich jeboren, und erst nachher bin ick reumütich zurück und hab den armen Teufel rausjeholt aus sein Backofen.«

»Weiß ich ja alles, Erwin, Sie haben's mir genau berichtet.«

»Jenau. Aber doch nich janz jenau, Herr Pfarra.«

»Inwiefern?«

»Nuja, ick hab nüscht falsch jesagt, verstehn Se, aber ick hab auch nich jenau alles jesagt.«

»Und weshalb um Himmels willen haben Sie nicht genau alles erzählt, was passiert ist und was Sie beobachten konnten?«

Erwin machte eine große Geste: »Sagen wir mal aus

Jewohnheit. Oder aus Erfahrung. Denn det hab ick jelernt im Leben, Herr Pfarra, je mehr du weeßt, desto mehr wirste ausjequetscht, und dat jeht am Ende selten jut. Drum hab ick mir als Lebenserfahrung verinnerlicht: Immer dumm, is Schiet. Aber manchmal bisschen dumm, is jarnich so dämlich.«

»Wie beim Hauptmann von Köpenick«, lachte Beermann. »Aber nun heraus mit der Sprache, Erwin. Welche Einzelheit von Ihrem Rettungseinsatz haben Sie denn verschwiegen?«

Erwin schmunzelte: »Det ist so, Herr Pfarrer. Ick wär ja trotz Jewissensbisse bestimmt nich freiwillig zuückjekommen und in den Keller jestiegen, wenn ick nich jewusst hätte, dat da keiner mehr war, ausjenommen der Einjeschlossene, natürlich.«

»Und weshalb wussten Sie das genau?«

»Weil ick den Täter jesehen hab, wie er hastig um die Ecke abjehauen is.«

»Den Täter gesehen, Erwin? Tatsächlich?«

»Wenn ick det doch sage. Det heeßt: Jenau jesehen hab ick ihn nu auch wieder nich. Weil – eben bloß von hinten. Und denn war der ooch schon'n Stück weit weg.«

»Und warum sind Sie sicher, dass es der Täter war, den Sie gesehen haben?«

»War nun aber doch keen Täter!«

Beermann lehnte sich zurück und schüttelte den Kopf. Er verstand gar nichts mehr von Erwins Offenbarungen. »Also doch kein Täter?«

»Nee, Herr Pfarra, keen Täter nich!« Jetzt schaute Erwin ihn richtig triumphierend an. »Keen Täter, aber ne Täterin!«

Beermanns Verblüffung war vollständig.

»Die da wegjeloofen is, müssen Se wissen, Herr Pfarra, die hatte nämlich so'n Kopptuch überjezogen und en langet Kleid an, schwarz und beinah bis uff de Füße. Und jemand mit Kopptuch und Kleid, det is nach meinem Kenntnisstand jewöhnlich wat Weibliches.«

Beermann überlegte: »Könnte das lange Kleid, das Sie gesehen haben, nicht auch ein langer Mantel gewesen sein? Mantel von einer männlichen Person?«

»Könnte, Herr Pfarra, aber jlob ick nich. Nämlich wegen dem Laufen.«

»Wieso denn das?«

»Na, wissen Se, die Weiber loofen doch anders als unsereins. Besonders von hinten betrachtet. Is Ihnen det noch nich uffjefallen, Herr Pfarra? Die loofen nich jradewegs, die schlackern immer so komisch mit ihrem unteren Fahrjestell, als wär det oben verkehrt einjehängt. Det rechte Bein schlenkern se dauernd in so Halbkreisen rechtsrum und det linke jenauso linksrum. Und sehn Se: Akkurat, so is die Person wegjeloofen, die ick beobachtet habe. Eindeutig weiblichen Jeschlechts.«

Erwin saß aufrecht da, seine messerscharfen Schlussfolgerungen genießend, und Beermann wirbelten Fragen über Fragen durch den Kopf. Kam tatsächlich eine Frau als Attentäterin in Betracht? War vorstellbar, dass sie Flammenwerfer einsetzte und sogar eine heimtückische Bombe hochgehen ließ? Und wenn ja, warum? Warum in drei zeitlich dicht aufeinander folgenden Fällen? Ging es einer Frau darum, Kathrin Engelhart auf die brutalste Weise aus dem Weg zu räumen, dann lag offensichtlich keine Beziehungstat vor.

Kein Vergeltungsakt aus enttäuschter Liebe. Beermann fand zu dem Ergebnis, dass die Keimzelle und das Umfeld dieser sogenannten *Aktion Saubere Kirche* dringend überprüft werden mussten. Und dass dabei ab sofort nicht nur Männer, sondern auch Frauen zu berücksichtigen waren. Möglicherweise war Parler bereits in dieser Richtung unterwegs. Mit ihm musste er sich umgehend in Verbindung setzen.

Mit diesen beiden ein Gespräch zu führen, hatte Beermann im Augenblick überhaupt keine Lust. Aber es ließ sich nicht vermeiden. Kollege Wegener und sein Rammbock, Bauunternehmer Lösch, hatten sich kurzfristig angekündigt und besetzten schon die Besucherstühle in Sibylle Brotbecks Büro. Sie wünschten einen Gedankenaustausch in der Fusionsfrage.

Beermann wünschte ihn nicht. Er fand, dass er schon zu viel Wirbel um die Ohren hatte, um seine normalen Pfarramtsaufgaben ordentlich erledigen zu können, und da erschien ihm eine Debatte über die drohende Gemeindefusion momentan unnötig wie ein Kropf.

Missmutig bat er darum die Herren aus der Nachbargemeinde in sein Amtszimmer. Kollege Wegener saß aufrecht wie auf dem Sprung und Lösch lümmelte sich in dem alten Ohrensessel, den Bettina als Erbstück in die Ehe gebracht hatte und der nun ein hintergründiges Dasein im Zimmereck fristete.

»Also wegen dieses Fusionsschwachsinns«, begann Wegener wie ein Kavallerist, der zur Attacke reitet, »du weißt, dass wir ihn für Schwachsinn halten, der obendrein einen ziemlichen Schwindel darstellt.«

Beermann nickte lustlos.

»Der Schwindel ist, dass angeblich gespart werden soll, dass am Ende und unter dem Strich aber bestimmt nichts gespart wird«, fuhr Wegener fort. »Und der Schwachsinn ist, dass man tatsächlich bloß kaputt macht, was anscheinend geheilt werden soll. Die bestehenden Gruppen und Kreise, der Chor, die Jugendarbeit, alles geht zum Teufel, und wenn dann der Pleitegeier über rauchenden Ruinen kreist, verkündet die Kirchenleitung, es sei der Phoenix aus der Asche.«

›Hätte ich jetzt einen Spucknapf neben seinem Stuhl bereitgestellt, er würde ihn glatt benutzen‹, dachte Beermann, gab aber keinen Kommentar von sich.

Im Hintergrund regte sich stattdessen der Bauunternehmer: »Unsere Meinung zu den Dingen kennen Sie, wir haben sie ja auch wirklich nicht verschwiegen. Allerdings sind wir auch nicht stur. Konsequent ja, stur nein. Deshalb haben wir uns eine Art Doppelstrategie ausgedacht. Punkt eins: Wir wehren uns. Wir lehnen Fusionspläne ab, die eine Lösung darstellen sollen und doch keine sind. Das halten wir durch – bis zu dem Punkt, wo vielleicht alle kirchlichen Entscheidungen gegen uns gefallen sind. Sollte dieser Fall eintreten, greift Punkt zwei, und deswegen sitzen wir hier.«

»Also Punkt zwei«, sagte Beermann.

»Punkt zwei heißt Metanoia«, grinste Wegener. »Buße und Umkehr. Dann wollen wir eben, dass die Geschichte umgedreht wird. Nicht unsere Gemeinde wird an deine angehängt, lieber Helmut, sondern deine an unsere. Bäumchen, wechsel dich.«

»Wirklich, ein genialer Einfall«, lästerte Beermann, »ich gratuliere. Und bin gespannt zu hören, wie ihr auf diesen Geniestreich verfallen seid.«

»Sagen wir gern«, tönte Lösch aus seinem Ohrensessel, »genau genommen hat uns der Großbrand in Ihrer Kirche drauf gebracht.«

»Na, Großbrand«, wandte Beermann ein, »die Sakristei ist ausgebrannt, die Kirche nicht.«

»Egal«, entschied Lösch, »ein Brandanschlag war's mit erheblichem Schaden. Kein Mensch weiß im Augenblick, was an Wänden und Decke im Kirchenschiff ebenfalls betroffen ist. Da wird es eingehende Untersuchungen geben, und glauben Sie mir als einem Mann vom Bau: Solche Untersuchungen werden nicht abgeschlossen, ohne dass empfindliche Mängel entdeckt werden, die eine Menge Ärger verursachen. Denn diese Mängel müssen behoben werden, und das braucht viel Zeit und kostet eine Stange Geld. Und weil das so ist, Herr Pfarrer, schlagen wir für den Fall, dass eine Fusion unvermeidlich werden sollte, eine Umkehr im Verfahren vor. Sie haben eine schwer angeschlagene Kirche zur Verfügung, wir eine voll intakte. Da wäre es doch verrückt, wenn unsere Leute sich zu Ihrem halb abgebrannten Schuppen bequemen sollten, der bis auf weiteres nicht mal von Ihren eigenen Gemeindegliedern aufgesucht werden darf. Und es gäbe einen vernünftigen Sinn zu sagen: Ihre Leute wandern künftig zu unserem schönen Kirchengebäude und dürfen sich darin wohl fühlen, weil ihnen nichts auf den Kopf zu fallen droht.«

»Das klingt wie eine Klamotte aus dem Reich des Raubtierkapitalismus«, sagte Beermann wütend.

»Nana, Kollege«, mahnte Wegener, »mal hübsch auf dem Teppich bleiben, ja? Schließlich treiben wir dasselbe Spiel wie ihr bisher, jetzt bloß mit umgekehrtem Vorzeichen.«

Die Atmosphäre war vergiftet. Beermann spürte den Drang, die beiden einfach an die Luft zu setzen, merkte aber rechtzeitig, dass es nicht ratsam sein konnte, den Konflikt auf die Spitze zu treiben.

»Die Verhandlungen sind ja keineswegs abgeschlossen«, lenkte er deshalb ein, »bisher wurden im Grunde nur einige Szenerien zusammengebaut.«

»Richtig«, befand Lösch, »und Szenarien sind dazu da, dass man sie verändert und Varianten durchprobiert. Allerdings, wenn sich der Zwang zur Fusion bestätigen sollte, wären wir gut beraten, nicht lange zu fackeln. Zeitverzögerungen bringen nichts als faule Kompromisse und Kostensteigerungen.«

»Und eine rasche, zeitnahe Lösung sollte in dem Konzept bestehen, das Sie mir vorhin aufgetischt haben?«, höhnte Beermann.

Lösch zuckte mit den Achseln und nickte.

Nachdem er sich auf seinem Schreibtischsessel zurechtgerückt und kräftig aufgeschnauft hatte, sagte Beermann: »Wie praktisch, meine Herren. Ich nehme zur Kenntnis, dass ihr euch in den Kopf gesetzt habt, aus meinem Schlammassel euren ehrenwerten Vorteil zu ziehen. Mein Unglück werde euer Glück! Wollt ihr wissen, was mir dabei durch den Kopf geht? Die Frage nämlich, wer denn vielleicht ein starkes Interesse gehabt haben könnte, meine Kirche abzufackeln. Da habt ihr beiden mir vorhin ziemlich schlagkräftige Argumente geliefert. Ihr konntet euch jedenfalls ausrechnen, dass ein Brandanschlag auf meine Kirche euch prima in die Karten spielen würde.«

Wie auf Verabredung schossen Wegener und Lösch von ihren Sitzen hoch.

»Eine Unverschämtheit«, brüllte Wegener, »weil du deine Felle fortschwimmen siehst, stempelst du uns zu Brandstiftern! Das ist hirnrissig. Seit du den Amateurdetektiv mimst, hast du deinen gesunden Menschenverstand an der Garderobe im Kommissariat abgegeben, mein Lieber, und witterst nun überall Verbrecher!«

In diesem Gespräch war tatsächlich nichts mehr zu retten. Wegener schlug, markante Abschiedsgeste, mit der Faust auf Beermanns Schreibtisch und stürmte zum Ausgang. Lösch folgte, nicht ohne sich in der offenen Tür noch einmal umzudrehen und Beermann anzugiften: »Herr Pfarrer, Sie haben überzogen, weit überzogen! Das wird ein Nachspiel haben, verlassen Sie sich darauf!«

Beermann saß wie versteinert und starrte auf die Tür, die sich hinter den beiden geschlossen hatte. Was war hier eigentlich abgelaufen in der letzten halben Stunde? Komödie oder Trauerspiel? Und was war seine eigene Rolle gewesen? Er war in einer Weise ausgerastet, die ihn selber befremdete. Hatte, und zwar mit einer grimmigen Leidenschaft, auf grobe Klötze ebenso grobe Keile gesetzt. Das war entschieden unter seinem Niveau gewesen, aber er hatte es nicht vermeiden können. Ekelhaft und beschämend. Auf der anderen Seite konnte er jedoch nicht finden, dass sein im Zorn geäußerter Verdacht völlig aus der Luft gegriffen wäre. Zu eindeutig hatten sich die beiden als gerissene Profiteure seines elenden Kirchenbrandes erwiesen. Und wenn sie schon nicht selber Hand angelegt hatten, – war denn völlig von der Hand zu weisen, dass sie in irgendeiner Form beteiligt waren?

Er griff zum Telefonhörer und meldete sich bei der Sekretärin: »Frau Brotbeck, mir ist gerade nicht gut. Magenverstimmung, oder so. Machen Sie doch bitte das Programm für die Konfirmandenfreizeit fertig und legen Sie's in mein Fach. Ich zieh mich erst mal zurück und melde mich wieder, wenn's besser geht.«

Am späten Nachmittag holte Beermann sein Rad aus der Garage und machte es flott für eine Tour zum Birkenkopf hinüber. Er hatte das Bedürfnis nach frischer Luft und Bewegung. Wenn er sich bewegte, sei es zu Fuß oder mit dem Fahrrad, gewann er immer eine ganz eigene Freiheit, nachzudenken. Wozu im Augenblick Bedarf genug bestand. Den Besuch aus der Nachbargemeinde, der zum Fiasko geworden war und ihm schwer auf der Seele lag, wollte er radelnd bearbeiten, dazu die Bruchstücke der Ermittlungen sortieren, die überall verstreut lagen und sich immer noch zu keinem Gesamtbild zusammenfügen wollten.

Er wählte eine Nebenstrecke durch die Weststadt und mied den Autoverkehr, so gut es ging. Dabei pflegte er das Wohlgefühl, zu den Anständigen zu zählen, die schadstofffrei unterwegs waren. Wieder mal hatte es Feinstaubalarm gegeben, weil die Messstation am Neckar, der angeblich schmutzigsten Kreuzung in der gesamten Republik, Werte weit über das zulässige Maß hinaus notiert hatte. Leider scherte das kaum jemanden, obwohl der grüne OB nicht müde wurde, die Fahrzeughalter auf die Vorzüge öffentlicher Verkehrsmittel zu ermäßigten Tarifen hinzuweisen. Nach offiziellen Angaben waren es gerade mal zwei bis vier Prozent der Autofahrer, die ein Einsehen hatten und ihren Wagen daheim ließen. Beermann gefiel es, dieser Elite anzugehören.

Am Fuß des Birkenkopfs stellte er sein Fahrrad ab, um zur Höhe hinauf zu wandern. Der Weg legte sich in Schleifen um den Hügel, der als Monte Scherbelino im Volksmund bekannt war und als Stuttgarts Hausberg gelten durfte. Hausberg im zweifachen Wortsinn. Denn einmal schloss er das Tal nach Westen als Hausberg ab; zum andern bestand er im Wesentlichen aus Haustrümmern der zerbombten Stadt, die dort im Zuge des Wiederaufbaus abgelagert wurden. Oben auf dem Gipfel hatte man gewaltige Bruchstücke ehemaliger Gebäude übereinander geworfen, als Merkposten und Erinnerungsstätte für die Zerstörungswut des Krieges. Manche der Gesteinsbrocken wiesen noch Schmauchspuren der Brände auf, die Häuser reihenweise skelettiert und einen Feuersturm entfacht hatten, der durch die Straßenschluchten fegte und alles Leben in seiner Glut erstickte.

An Mörikes Wanderung dachte Beermann, als er auf einem der großen Steine Platz genommen hatte, an dieses schöne *Heut, da ich im Gebirge droben einsam ging,*

Umstarrt von wild zerstreuter Felsentrümmersaat …,

weil er sich selber von wild zerstreuter Trümmersaat umstarrt fühlte, allerdings nicht aus dem Granit des Hochgebirges, sondern aus Mauersteinen der Stadt zu seinen Füßen. Er schaute nachdenklich hinaus übers Tal zu den Erhebungen jenseits des Neckar und die nördlichen und südlichen Hänge entlang, mit dem Bismarckturm auf der einen Seite und dem ursprünglich viel geschmähten, aber längst innig geliebten Fernsehturm auf der anderen. Gleich vor seinen Augen ragte ein mächtiges Holzkreuz empor, mehr Gedächtnismal als Gipfelkreuz, und auf dem Querbalken hatten sich Birkensamen in den Ritzen des Holzes festgesetzt, aus denen längst kräftige Zweige mit frischem Grün erwachsen waren; Zeichen des Lebens an einer Gedenkstätte des Todes.

Der Tod hat viele Gesichter, dachte Beermann, und auch die Feuertode unterscheiden sich. Nicht allein im Ausmaß des Schreckens und der Vernichtung, sondern ebenso in der Gestalt, die sie annehmen. Brandbomben, die vom Himmel fallen, und Brandsätze, die irgendwo auf der Erde gezündet werden; sie alle sind Instrumente von Gewalt und Zerstörung, aber ihr Einsatz erfolgt unter verschiedenen Bedingungen. Dort steht ein Krieg zwischen Staaten dahinter, hier ein Verbrechen von Einzelnen oder Cliquen. Oder ist der Krieg, nüchtern betrachtet, nicht ebenso ein Verbrechen, sogar eines von der verhängnisvollsten Art?

Der Verdacht gegen Wegener und Lösch kam ihm inzwischen absurd vor. Wegener war Kollege, Lösch immerhin unbescholtener Kirchengemeinderat. Niedere Beweggründe für ein ekelhaftes Verbrechen dürften bei ihnen so wenig gedeihen wie Disteln auf einer Marmorplatte. Gewiss waren beide mit starkem Selbstbehauptungswillen und leicht erhitzbarem Temperament ausgestattet. Davon hatten sie ihm zuletzt eine Kostprobe in seinem Amtszimmer geliefert. Aber ein geplanter Mord? Oder wenigstens eine geplante Brandstiftung? Um auf diese Weise Fakten zu schaffen, die ihre Rolle in der Fusionsfrage günstig beeinflussen könnten? Eigentlich schwer vorstellbar.

Zumal Erwin steif und fest behauptete, nach dem Brandanschlag auf die ›Krypta‹ des Kollegen Hus gesehen zu haben, wie eine verdächtige *Frau* davongelaufen war. Parler wiederum hatte ihm berichtet, wie er in Zuffenhausen einem Feuerwerker auf den Zahn fühlte, bis der bereit war zuzugeben, dass er einen Mann (und zwar in maskiertem Zustand) mit einem Sprengsatz beliefert hatte. Was denn nun: Mann oder Frau oder am Ende sowohl Mann als auch Frau? Womit sich die Frage ergab, ob die drei Attentate nicht nur von verschiedenen Personen, sondern möglicherweise auch aus verschiedenen Motiven erfolgt sein könnten. Franck in Ulm war natürlich weiter eine heiße Adresse, auch wenn er es verstanden hatte, sich als ein Mann des reinen Geistes zu präsentieren, dem es um höhere Ziele ging als um das, was mit Sprengstoff zu erreichen war. Hatte Franck mit jener geheimnisvollen ASK zu tun, der Parler auf den Fersen war und die auch in Ulm ihren Sitz haben sollte? Beermann seufzte. Wie man die Dinge auch hin und her schob, als bewege man Spielsteine auf einem Schachbrett: Es sprang kein überzeugendes Muster heraus. Und eine plausible Verbindung zwischen den drei Anschlägen war nach wie vor nicht auszumachen. Gut, in allen drei Fällen wurde mit Brandsätzen operiert. Und in allen drei Fällen bildeten Kirchen, übrigens immer protestantische Kirchen, den offenbar auserwählten Schauplatz. Alles Übrige jedoch war hypothetisch.

»Die Kripo in Ulm hat gute Arbeit geleistet«, sagte Parler am Telefon. »Es sieht danach aus, dass sie dieser mysteriösen ASK auf die Schliche gekommen ist und in Kürze Verhaftungen vornehmen kann. Eine kleine, kriminelle Vereinigung, wie es scheint. Und nun raten Sie mal, wo die sich gewöhnlich zusammengefunden hat.«

»Etwa bei Franck?«

»Richtig. Bei diesem religiösen Spinner Franck, den Sie mit großer Nachsicht behandelt und für harmlos gehalten haben.«

»Ich kann mir immer noch nicht vorstellen, dass er Gewaltakte verübt haben soll.«

»So läuft das manchmal mit unserer Fantasie, Beermann. Sie hat nicht das Zeug, an die verrückte Wirklichkeit heranzureichen.«

Parler berichtete weiter, dass Franck in Polizeigewahrsam genommen sei. Auf dem Präsidium in Ulm. Eine Vernehmung sei für den frühen Nachmittag anberaumt, und man habe ihn, Parler, eingeladen, dieses Verhör vorzunehmen. Weil es sich um Delikte handle, die in der Landeshauptstadt begangen wurden. Er werde in zwei Stunden aufbrechen und erlaube sich die Frage, ob Beermann mitfahren könne. Wegen dieses undurchsichtigen, religiösen und kirchlichen Hintergrundes, der ihm persönlich vollkommen fremd sei. Beermann brauche sich auch gar nicht am Verhör zu beteiligen, er könne in einem Nebenraum am Bildschirm alles verfolgen. Für ihn, Parler, bedeute es eine gewisse Erleichterung zu wissen, dass er sich im Zweifelsfall sofort an einen Fachmann für Religiöses wenden könne, der gleich nebenan den Gang der Dinge verfolge.

Schlag zwölf saßen sie in Parlers Dienstwagen und nahmen die A8 in Richtung Ulm. Die Verkehrsdichte war beträchtlich, der Regelfall auf dieser Strecke. Rechts von ihnen wurde an der neuen Bahntrasse nach München gebaut, Brücken wurden über Taleinschnitte geschlagen, Röhren bohrten sich am Albtrauf in den Berg, riesige Bagger schaufelten ockerfarbige Erde zu kleinen Gebirgslandschaften auf.

»Machen die so weiter«, sagte Parler, »dann sind sie mit ihren Schienen in München, wenn die Gegner von Stuttgart 21 immer noch vor dem Bahnhof für den Abbruch des Projekts demonstrieren.«

Er wirkte richtig aufgeräumt und erzählte von seiner Familie und von erholsamen Ferien. Nein, die Ziele des Massentourismus steuere er nie an, beteuerte er, Rummel umgebe ihn alle Tage, und zur großen Erholung bevorzuge er entlegene Gebiete, ein Dorf in Südtirol oder an der Nordsee.

»Sie sind doch auch gern mit dem Rad unterwegs«, sagte er, »da empfehle ich Eiderstedt oder das platte Hinterland von Husum. Sie können immerzu am Strand entlang radeln, auf asphaltierten Wegen, und was Ihnen höchstens in die Quere kommt, das sind diese unvermeidlichen Schafherden an den Deichschrägen, die Ihren Fahrweg vollkötteln, dass Sie ständig Slalom fahren müssen, und die nicht dran denken, beiseitezutreten, wenn sie die Fahrbahn blockieren. Sie mögen klingeln und rufen, so viel Sie wollen. Ja, und dann der Wind. Ich mag den Wind am Meer, aber nicht, wenn er mir auf dem Rad unentwegt ins Gesicht bläst. Und ich versichere Ihnen, Beermann, das tut er praktisch immer. Mit meiner Frau zusammen habe ich's ausprobiert. Morgens sind wir los, eine schnurgerade Strecke dem Wind entgegen, um mittags bei ersten Ermüdungserscheinungen mit dem Wind im Rücken nach Hause zu rollen. Ich sage Ihnen: jedes Mal fuhren wir auch auf dem Heimweg gegen den Wind. Immer. Wir sind nie dahintergekommen, warum und wie das funktioniert.«

»Nicht mal Sie als Kriminalhauptkommissar?«, frotzelte Beermann.

Inzwischen standen sie in einer zweispurigen, endlos erscheinenden Wagenkolonne.

»Nun ja«, meinte Parler, »lieber im Gegenwind auf Eiderstedt als im Stau auf der Alb.«

Man musste warten und hatte Zeit zum Nachdenken.

»Auffällig ist ja, dass nach dem Brandanschlag auf Ihre Sakristei kein weiterer mehr erfolgt ist«, begann Parler. »War's eine Serie, dann war sie mit dieser Aktion anscheinend beendet. Entweder, weil der oder die Täter erschrocken waren über ihren grässlichen Erfolg. Oder weil sie erreicht hatten, was sie erreichen wollten.«

»Sie verdächtigen in erster Linie diese seltsame Gruppierung in Ulm.«

»Sicher. *Aktion Saubere Kirche* – das kann doch nur moralisch gemeint sein. Und Homosexualität war in unserer Gesellschaft lange moralisch geächtet, siehe nur diesen alten

Strafrechtsparagraphen. Der ist ja nun abgeschafft worden. Aber nicht ebenso das verbreitete Gefühl, dass Homosexualität unanständig und moralisch zu verwerfen sei. In Kirchenkreisen ist diese Aversion ziemlich verbreitet, oder?«

»Ja, leider. Nicht überall, aber in bestimmten Gruppen. Vor allem dort, wo man Bibeltreue als Buchstabentreue oder Wortlauttreue versteht und die Heilige Schrift als Lehrbuch für anständige Sitten gebraucht.«

»Puh«, machte Parler, »klingt ein bisschen kompliziert. Sind es nicht einfach Leute, die alles genau so nehmen, wie's dasteht? Die Schöpfung in sieben Tagen und das Weib schweige in der Gemeinde?«

Beermann lachte: »Ja, so ungefähr.«

Parler überlegte: »Halten Sie es für denkbar, dass aus solchen Kreisen Gewalttäter hervorgehen, die keine Skrupel haben, eine Sakristei in Brand zu setzen und eine Vikarin zu verbrennen wie eine Ketzerin auf dem Scheiterhaufen, nur, weil sie bereit war, ein Lesbenpaar zu trauen?«

Beermann zögerte mit der Antwort. »Was denken Sie, Parler«, sagte er endlich, »wie oft ich in jüngster Zeit diese Frage hin und her gewälzt habe. Mit zwei vorläufigen Ergebnissen. Das erste Ergebnis lautet: So etwas ist nicht vorstellbar. Entschiedene Christen, die auf ihre Weise Ernst mit der Bibel machen, mögen sich aufregen über den vermeintlichen Sittenverfall, und das noch und nöcher, aber sie werden nicht die Schwelle zur Gewaltanwendung überschreiten. Sie werden klagen und schimpfen und wahrscheinlich auch mit Gottes Strafgericht über so viel Schmutz und Schande drohen; aber sie werden keine Bomben basteln und Sprengsätze verstecken.«

»Das göttliche Strafgericht interessiert mich. Und zwar nicht das allgemeine, das am Ende der Tage über die ganze Menschheit hereinbrechen soll, sondern ein bestimmtes, speziell die Homophilen betreffend. Gibt es so was?«

»Und ob. Davon berichtet schon eine sehr markante Geschichte im ersten Buch Mose. Die Geschichte vom göttlichen Strafgericht über das sündige Sodom.«

»Erzählen Sie mal. Ich hab dunkle Erinnerungen an Sodom und Gomorrha, aber eine kleine Auffrischung in Bibelkunde täte mir gut. Mein Religionsunterricht ist schon eine Weile her.«

Beermann war einverstanden. »Ich beschränke mich auf die entscheidenden Details«, sagte er, »da kommen in Gottes Auftrag zwei Engel nach Sodom, und der Fortgang der Erzählung macht deutlich, dass man sich diese Engel in männlicher Gestalt vorstellen muss. Lot, der sich zufällig am Stadttor aufhält, begrüßt sie freundlich und erweist sich als vorbildlicher Gastgeber. Er lädt sie in sein Haus und versorgt und bewirtet sie nach allen Regeln orientalischer Gastfreundschaft. Fremde stößt man nicht von der Tür, sondern bittet sie an seinen Tisch. Im Idealfall immerhin. Aber der Idealfall ist leider nicht der Normalfall, am wenigsten in Sodom. Da rotten sich nämlich Männer aus der Stadt vor Lots Haus zusammen und fordern, dass er ihnen die zwei Fremden ausliefert. Und das Verruchte ihres Vorgehens zeigen sie damit, dass sie keinen Zweifel an ihren Absichten lassen. Lot soll ihnen die zwei aushändigen, damit sie ihnen ›beiwohnen‹ könnten, so wörtlich. Also, sie haben nichts anderes als sexuellen Missbrauch und Vergewaltigung im Sinn, und zwar ausgeübt von Männern an Männern. Das ist der Punkt. Sodom erweist sich als homosexuelles Lasterloch. Ein Gräuel in den Augen des Herrn. Wie's weitergeht, kürze ich ab. Natürlich musste die geile Bande den Kürzeren ziehen, weil Lots Gäste nun mal Engel waren, die sich selber und ihren Gastgeber zu schützen wussten. Lot durfte mit Frau und Töchtern die Stadt fluchtartig verlassen, und dann schlugen auch schon die Flammen des Gerichts über der Stadt zusammen, bis nichts Lebendiges mehr übrig blieb. Wörtlich heißt es da, wenn ich's recht im Kopf habe: ›Der Herr aber ließ Schwefel und Feuer auf Sodom und Gomorrha regnen.‹ Ein himmlisches Strafgericht über die verkommene Gesellschaft.«

»Ja«, sagte Parler, »in der Tat eine starke Geschichte. Flammen und eine Feuersbrunst für das sündige Sodom. Scheint mir ein gutes Argument zu sein für überzeugte Bibelleser, wie mit bekennenden Homosexuellen umzuspringen sei.«

»Obwohl natürlich eine eigenwillige Lesart dieser Geschichte vorliegen muss, um sie als Zeugnis gegen Homosexualität überhaupt und in jeder Hinsicht zu verwenden. Wer homoerotisch ist, muss noch lange kein Sadist und sexueller Gewalttäter sein wie die verruchten Typen in der Sodom-Geschichte.«

»Geschenkt. Aber das ist nicht meine Frage. Meine Frage lautet: Kann eine religiös und in gewisser Weise biblisch begründete Verwerfung von Homosexualität den Boden bereiten für eine Straftat, wie sie in Ihrer Sakristei passiert ist?«

Beermann überlegte kurz und sagte dann: »Erinnern Sie sich, vorhin habe ich Ihnen erklärt, dass ich bei meinem Nachdenken über diese ganze Sache zu zwei Ergebnissen gekommen sei. Erstes Ergebnis: Ich kann mir nicht vorstellen, dass von frommen Kreisen unmittelbare Gefahr für Leib und Leben irgendwelcher Personen ausgehen könnte, seien diese Personen sexuell nun so oder so gestrickt. Davon habe ich gesprochen. Das zweite Ergebnis im selben Zusammenhang lautet aber: Durch Radikalisierung wird alles denkbar.«

»Was meinen Sie damit?«

»Nun, ich denke, Radikalisierung (und besonders auf religiösem Untergrund) ist nicht zuletzt immer das Resultat einer Leidensgeschichte. Ich habe erst kürzlich mit ein paar Kollegen darüber gesprochen, Friedemann Hus war übrigens dabei. Wo Widersprüchliches zusammentrifft und Widersprüchliches erlebt wird, kann es zu Radikalisierungen kommen. Da ist in einem Menschen der Widerspruch zwischen Missionseifer und Verzweiflung im Gange. Er weiß, was richtig und wahr ist und wofür es sich zu kämpfen lohnt. Er weiß es aus heiligen Büchern, hat es in frommen Gemeinschaften gelernt und sich nie gescheut, Flagge zu zeigen und für seine Überzeugung zu werben. Missionseifer. Aber dann merkt er, dass er in den Wind redet und gegen die Wand läuft, immerzu. Und dass er sich Beulen und Blessuren holt, auswendig und inwendig. Er macht weiter, weil er nicht von der Sorte ist, die Verrat an den eigenen Lebenszielen begeht, aber er fühlt auch das schleichende Gift, das mehr und mehr in ihn dringt, das Gift der Verzweiflung. So. Und nun findet er sich wieder in dieser ungeheuren Spannung zwischen Missionseifer und Verzweiflung, die ihn zu zerreißen droht. Eine Spannung, die sozusagen danach schreit, sich entladen zu dürfen.«

»Und eine Entladung passiert beim Griff nach der Bombe?«

»Nicht gleich, würde ich sagen. Diese Spannung ist zwar zu vergleichen mit der Situation eines Raubtieres, das sich in die Enge gedrängt fühlt und anfängt, die Zähne zu fletschen und wild um sich zu beißen. Aber unser Modell von einem, der sich radikalisiert, betrifft ja kein Raubtier. Es betrifft einen zivilisierten, sogar einen tief religiös motivierten Menschen. Der kennt die Gebote und will sie halten. Keineswegs neigt er zu Gewalttätigkeiten. Nur, das ist inzwischen kaum mehr auszuhalten für ihn. Die erlittene Spannung zwischen Missionseifer und Verzweiflung drängt wirklich auf eine gewaltige Entladung hin. Und jetzt kommt alles darauf an, diese bevorstehende Entladung vor dem eigenen Gewissen zu rechtfertigen. Ihr den Anstrich des Unzulässigen und Bösen zu nehmen und sie mit einem neuen Anstrich des Guten und Gottwohlgefälligen zu versehen. Jetzt werden die Perspektiven verschoben und zugleich verengt. Die ganze Wirklichkeit zerfällt in zwei sehr ungleiche Teile. Hier ist das eigene Leben und alles, was für dieses Leben Bedeutung hat; dort steht die übrige Welt, eine verdorbene, sittenlose, gottferne Masse. Sie besitzt Macht, diese Welt, teuflische Macht, und sie ist imstande, rücksichtslos zu unterdrücken, was ihr nicht passt. Sie kann klein machen und hohnlachend demütigen. Demütigung durch überlegene Mächte des Bösen, das ist das Grundgefühl von radikalisierten Menschen, glaube ich. Auf den herkömmlichen Wegen der Auseinandersetzung kommt man solcher Machtausübung nicht bei. Es hilft nicht, die höheren Werte zu vertreten und den wahren Glauben zu bekennen. Das hat man getan, und es hat einen an den Rand der Verzweiflung getrieben. Jetzt hilft nur noch das Bekenntnis der Tat. Das unübersehbare Zeichen des Widerstands, der Gewalt als berechtigtes Mittel einsetzt. Und berechtigt erscheint dieses Mittel, sobald es stellvertretend für Gottes eigenes Strafhandeln in Anspruch genommen wird. Denn Gott straft mit Gewalt. Da können Sie die Bibel (und meinetwegen ebenso den Koran) rauf und runter lesen und werden überall fündig, wo von Gott als Richter die Rede ist. Die Psalmen wissen davon, dass ein flammendes und verzehrendes Feuer vor ihm hergeht, wenn er sich zum Gericht aufmacht. Und sogar von Jesus ist noch dieser überraschende Satz überliefert, er sei gekommen, ein Feuer auf die Erde zu bringen. Bei so viel göttlich legitimiertem Straffeuer über die Sittenlosen und Gottfernen finde ich's gar nicht so verwunderlich, dass sich ausgerechnet religiös geprägte Menschen radikalisieren können und zum Brandsatz greifen.«

»Danke für den Vortrag«, sagte Parler, und es war überhaupt nicht ironisch gemeint.

»Naja«, lachte Beermann, »meine Auslassungen haben wenigstens die empfundene Fahrzeit verkürzt. Für mich jedenfalls.«

Bei der Rückfahrt verhielten sich beide recht einsilbig. Das Verhör hatte die gewünschten Aufklärungen nicht gebracht, denn Franck beließ es im Grunde bei Aussagen, die er zuvor schon im Gespräch mit Beermann geliefert hatte.

Parler wirkte angefressen und probierte es mit einer Trotzhaltung: »Wenn man gar nicht vorankommt, ist es manchmal Kommissar Zufall, der weiterhilft.«

Das klang nicht sehr überzeugt. Trotzdem sollte Parler genau mit dieser Andeutung eine Prophetie gelingen.

Nach Auskunft des verdächtigten Franck handelte es sich bei der *Aktion Saubere Kirche* um eine Gesprächsrunde in seinem privaten Wohnzimmer. Den Namen hätten sie sich nur aus Jux zugelegt. Mit ihm zusammen seien sie drei Männer und drei Frauen, mehr nicht. Was sie verbinde, sei so etwas wie Protest gegen das verlogene Leben. Ein Debattierclub seien sie, weiß Gott keine terroristische Zelle. Früher hätten sie sich vielleicht als ›Hauskreis‹ bezeichnet. Und ja, in ihren Gesprächen spiele Religion eine erhebliche Rolle. Ebenso die miserable Verfassung der Kirche. Seit ein paar Wochen stünden Lektüre und Auslegung der Johannes-Apokalypse auf ihrem Programm. Die Visionen dieses Sehers auf Patmos, der zurückgezogen von aller Welt und allen weltlichen Kirchentümern in der Einsamkeit lebte und meditierte. Sein Hoffnungsbild von einer Geist-Kirche, die sich nach apokalyptischen Wirren und Leidenserfahrungen herauskristallisieren sollte. Eine Lichtgestalt des Christlichen, von der alles Niedrige und Befleckte abgefallen war. Aber diese unbesudelte Geist-Kirche sei nur auf Grund wunderbarer Geistwirkungen zu erwarten, und es wäre widersinnig und blasphemisch, sie mit Sprengsätzen und ähnlichem Teufelszeug herbeibomben zu wollen. »Trauen Sie uns zu, dass wir zu Gewaltakten imstande wären«, sagte er, »dann können Sie auch Schmetterlinge verdächtigen, die ökologische Krise verursacht zu haben.«

Der Vergleich hatte Beermann gefallen und ihm unmittelbar eingeleuchtet.

Zum Schluss der Unterredung gab Franck noch die Namen seiner Clubmitglieder preis, weil keiner von ihnen irgendwas zu verbergen habe. Dann ließ man ihn laufen.

Überraschend löste sich der verwickelte Knoten noch am selben Abend.

Flözer hatte eingeladen zu einem ›Grill für Abgebrannte‹, wie er sich ausdrückte, und er meinte Kinzig, Hus und Beermann damit, die drei vom Feuer heimgesuchten Kollegen. Eine knallrote Schürze um den Leib gebunden, wendete Flözer die saftigen Fleischstücke mit der Zange, zapfte zwischendurch Pils aus dem Fässchen, das er besorgt hatte, und zeigte sich bestens gelaunt.

»Der Tag meines Junggesellenabschieds vor dreißig Jahren«, verkündete er, »damals waren wir noch jung und gesellig, heute wahrscheinlich weder – noch, aber man soll nicht jammern, finde ich, nicht über längst vergangene Tage und auch nicht über Unglücke der letzten Zeit. Herausfinden, warum und durch wen diese Brände gelegt wurden, das möchte ich auch, aber das Leben zu feiern, sollte deswegen nicht verboten sein. Also Prost! Und langt kräftig zu bei den Happen!«

Man vermied es anfangs, das Gespräch dorthin zu führen, wo es unbedingt hinfinden musste, und hielt sich auf bei Anekdotischem und bei allerhand Kirchenklatsch. Hus sah immer noch jämmerlich aus, lobte jedoch die Fortschritte seit dem Aufenthalt in der Reha. Kinzig war der jüngste unter ihnen und hielt sich zurück. Wenn ein Lacher fällig war, lachte er mit, im Übrigen beschränkte er sich darauf zuzuhören.

Allmählich näherte man sich dem Anschlagsthema. Beermann berichtete von der ASK, einer anscheinend radikal-christlichen Splittergruppe, die ins Fahndungskreuz der Polizei geraten war. Radikal-islamische Attentate kenne man zur Genüge, warum nicht auch mal ein radikal-christliches? Allerdings gebe es begründete Zweifel. Bei der ASK handle es sich vielleicht nur um einen esoterischen Hauskreis-Verein.

Plötzlich zuckte Hus zusammen wie unter einem Peitschenhieb. Er starrte Beermann an, dann stierte er an die Decke. Kinzig, dem die Veränderung bei seinem Sitznachbarn entgangen war, fing an, seinen alten Verdacht gegen den Berliner Stalker aufzuwärmen. Man dürfe sich nicht ablenken lassen durch ein windiges Alibi.

Inzwischen wurde Hus unruhig. Er schaute sich hektisch um, als irritiere ihn der Ort, an dem er sich aufhielt, kramte in seinen Taschen, ohne zu finden, wonach er suchte, sprang auf einmal hoch und keuchte: »›Tschuldigung, ich muss weg!«

Bevor einer reagieren konnte, war er bereits an der Tür, riss sie auf und verschwand.

Die zurückgebliebenen Kollegen machten verblüffte Gesichter. »Was war denn das?«, staunte Flözer.

»Sah aus wie eine Flucht«, meinte Beermann.

»Wenn's eine Flucht war«, sagte Flözer, »dann muss es mit dem zusammenhängen, was du gerade erzählt hast. Du warst bei dieser komischen Gruppe, die sich bei Franck in Ulm trifft.«

»Ja, richtig.«

»Sie haben Namen erwähnt«, warf Kinzig ein. »Sie erinnerten sich an die Namen eines Mannes und einer Frau. Die Frau hieß Erika Seitter, stimmt's?«

»Stimmt. Erika Seitter. Gleich als ich den Namen erwähnte, zuckte Hus zusammen.«

»Erika Seitter«, überlegte Flözer, »nie gehört. Aber bei Freund Hus könnte der Name wie ein Blitz eingeschlagen haben.«

»Also hat er die Frau gekannt«, sagte Beermann.

»Und nicht bloß gekannt«, meinte Kinzig, »irgendeine aufregende Geschichte muss passiert sein zwischen den beiden.«

»Und zwar eine Geschichte«, spann Flözer den Faden fort, »die plötzlich mit vulkanischer Macht in ihm aufbrach, sodass er ganz aus der Fassung geriet. Und wenn ich nun ›Frauengeschichte‹ und Hus zusammendenke, dann kommen mir Gerüchte in den Sinn, die hinter vorgehaltener Hand in unserem Konvent die Runde machten; dass Hus sich nämlich ein Verhältnis mit einer verheirateten Frau in seiner Gemeinde geleistet habe.«

»Sogar mit einer Kirchengemeinderätin«, ergänzte Beermann. »Es wurde getratscht darüber, aber Genaues sickerte nicht durch, zumal die Affäre von ziemlich kurzer Dauer gewesen sein muss.«

»Seltsam«, sagte Flözer, »auch wenn das alles zutrifft, bleibt unverständlich, weshalb Hus bei Erwähnung dieses Namens so schockiert reagierte. Einen Sinn ergibt das bloß, wenn mit dem Namen dieser Frau bei ihm zwei Glocken gleichzeitig zu läuten anfingen: die eine Glocke weckte

Erinnerungen an eine verdrängte Episode seines Liebeslebens, die andere an das Branderlebnis in seiner ›Krypta‹.«

»Ein Zeuge will beobachtet haben, dass es eine Frau war, die vom Tatort weggelaufen ist«, warf Beermann ein.

»Donnerwetter!«, rief Flözer. »Eine verdächtige Frau am Tatort. Und wenn es nun Erika Seitter von der *Aktion Saubere Kirche* in Ulm war, die sauberen Tisch machen wollte mit ihrem einstigen Verehrer? Die Gelegenheit dazu mochte sich ergeben haben, nachdem sie Mitglied in der Ulmer Gruppe geworden war, die ihr eine Legitimationshilfe für ihr Attentat liefern konnte.«

Jetzt sprang Beermann von seinem Sitz: »Mensch, Flözer, die Sache wird brenzlig. Hus könnte vorhin nicht die Flucht ergriffen, sondern einen Angriff gestartet haben. Auf genau diese Frau, die ihm anscheinend die Hölle heiß gemacht hat in seiner ›Krypta‹. Ich muss unbedingt Parler informieren, damit er die Frau in Ulm findet und vor Hus in Schutz nimmt, der vielleicht nicht mehr weiß, was er tut. Und wir selber sollten uns auf die Socken machen, um Hus zu finden und ihn von Kurzschlusshandlungen abzuhalten.«

Flözer bedauerte, dass sein Bier schal wurde und die Steaks verkohlten, griff aber augenblicklich nach seiner Jacke und reichte Beermann sein Handy, der sofort Parlers Nummer wählte. Nach kurzen Erklärungen gab er Flözer das Handy zurück und eilte mit den anderen auf die Straße. Dort besprach man das weitere Vorgehen. Wohin konnte es Hus getrieben haben? Flözer wollte in dessen Wohnung nachsehen, Kinzig bei der abgebrannten ›Krypta‹, Beermann am Hauptbahnhof. Vielleicht war Hus dort noch vor seiner Abreise nach Ulm anzutreffen.

Mit dem Fahrrad ging es am schnellsten. Beermann fuhr die Königstraße hinunter und schlängelte sich durch die belebte Fußgängerzone auf den Bahnhofsturm mit seinem beleuchteten Stern zu. Es war ein milder Abend, die Passanten bummelten umher, hockten auf den Stufen des Kleinen Schlossplatzes und genossen Dosenbier oder billigen Wein aus enormen Flaschen. Das Neue Schloss war eindrucksvoll angestrahlt und auf den Rasenflächen davor lagerten immer noch bunte Grüppchen, in denen geschwatzt, Musik gemacht und geschmust wurde. Beermann streifte die südländisch wirkende Szene mit einem Blick und erwartete nicht, Freund Hus darin ausfindig zu machen. Sein Rad stellte er am Ende der Straße neben einem Kiosk ab, hastete hinunter in die Klett-Passage und die Rolltreppen wieder hinauf zur Bahnsteigebene. Von Hus war nichts zu sehen. Der elektronischen Anzeigetafel entnahm er die Zugverbindungen Richtung Ulm und München und musste feststellen, dass ein ICE vor knapp fünf Minuten abgegangen war. Ein Regionalexpress mit demselben Ziel sollte in zwanzig Minuten folgen.

Beermann überlegte. Er konnte jetzt weiter durch den Bahnhof laufen, um nach Hus Ausschau zu halten, konnte hinunter zum Reisezentrum gehen und prüfen, ob er sich an einem Fahrkartenschalter aufhielt. Und er konnte zum Bahnsteig hinübergehen, von wo der Zug nach Ulm kürzlich abgefahren war. Das schien am ehesten Erfolg zu versprechen, wenn Hus zielstrebig zum Bahnhof gehastet war und den Zug bloß um Augenblicke verpasst hatte. Dann konnte er sich immer noch auf dem Bahnsteig oder in dessen unmittelbarer Nähe aufhalten.

Beermann erreichte den provisorischen Durchgang zu den Bahngleisen, die wegen der dauerhaften Großbaustelle weit hinaus verlegt worden waren. Reisende vor und neben ihm rumpelten mit ihren Rollkoffern über die Bodenplatten, und einer grantelte vernehmbar, dass man auf diese Weise schon halbwegs Heilbronn erreicht habe, bevor ein Zug überhaupt in Sichtweite komme. Durch breite Fensterschlitze in den Wellblechverkleidungen des Korridors sah man auf das grell beleuchtete Baugelände, wo auch am Abend noch schweres Gerät im Einsatz war. Erde ausheben und gewaltige Träger einbetonieren. Beermann nahm sich nicht die Zeit, diese gigantische Werkstatt zu besichtigen, er hatte bloß Augen für die Reisenden, die unablässig hin und her fluteten und unter denen Hus nicht zu entdecken war.

Am gesuchten Bahnsteig hielt kein Zug. Deshalb warteten dort auch keine Menschen mehr. Ein Bahnbediensteter begegnete ihm, im Übrigen konnte er die ganze Strecke ungehindert überschauen und erblickte niemanden. Trotzdem entschloss er sich, voranzugehen. Er wusste, dass sich mehrere offene und geschlossene Warteplätze auf dem Bahnsteig aneinanderreihten, wo Hus sich, sofern er den Zug tatsächlich verpasst hatte, erst einmal niedergelassen haben konnte. Viel Hoffnung, ihn hier zu erwischen, hatte Beermann nicht, aber es wäre fatal gewesen, hätte er kurz vor dem Ziel kehrtgemacht. Ein Versuch, Hus per Handy zu erreichen, wäre natürlich naheliegend gewesen, aber Beermann hatte es wieder mal daheim gelassen. Er konnte sich einfach nicht dran gewöhnen, das Ding ständig mit sich zu führen. Es war ihm lästig, außerdem missfiel ihm der Zustand prinzipieller Erreichbarkeit. Bettina verspottete ihn deswegen und meinte, für ihn würden die schlichten Kommunikationsmittel aus der Steinzeit vollkommen ausreichen.

Tatsächlich hockte Hus in einer windgeschützten Kabinenecke, die Arme auf den Knien und den Kopf in die Hände gestützt. Beermann atmete aus und setzte sich einfach neben ihn. Er war froh, den richtigen Riecher gehabt und Hus rechtzeitig aufgetrieben zu haben. Er räusperte sich und sagte wie beiläufig: »Zug verpasst?«

Hus reagierte zuerst überhaupt nicht. Er saß reglos da, wie weit entrückt und in Gedanken verloren. Beermann blieb ruhig an seiner Seite und unterließ es, ihn weiter anzusprechen. Nach einer langen Pause hob Hus den Kopf, richtete sich auf, sah Beermann an und sagte: »Ja, den Zug hab ich verpasst. Und mehr als den Zug, sag ich dir.«

Er schaute an Beermann vorbei und an den Gleisen entlang, die sich weiter hinaus in einem Geflecht aus Biegungen und Weichen verwirrten. Brandflecken und schwarze Verkrustungen verunstalteten sein Gesicht zur Maske. Wie bei einem Unhold im Horrorfilm, dachte Beermann. Seine Wollmütze war ihm vom kahlen, grindigen Schädel gerutscht, er musste sie unterwegs verloren haben. Egal. Jetzt lag ihm offensichtlich nicht daran, sein Aussehen zu kaschieren.

»Du hast mich also gesucht, Beermann,« fing er bedächtig an, »und sogar gefunden hast du mich. Bravo! Bist eben doch ein echter Schnüffler.«

Beermann erwiderte nichts. Er wusste, dass Freund Hus auspacken würde, wenn er sich selber zurücknahm. Deshalb schwieg er und wartete. Und nach einer Weile begann Hus tatsächlich und redete wie mechanisch fürs Protokoll:

»Ich bin zum Bahnhof gelaufen, weil ich nach Ulm wollte. Eine alte Geschichte bereinigen. Es war eine dumme Geschichte, und ich habe gedacht, sie sei aus und vorbei und vergessen. Aber an einer dummen Geschichte bist du nie allein beteiligt, und wenn du denkst, dass du sie vergessen kannst, dann gibt's immer noch andere, die sie nicht vergessen haben. Und die schreiben einfach weiter an dieser dummen Geschichte. Und wollen sie zu Ende bringen auf eine Weise, die du nicht ahnst.«

Er legte eine Pause ein und schnäuzte sich lautstark. Dann sah er Beermann eindringlich von der Seite an und fuhr fort: »Vielleicht ist es gut, dass du mich eingeholt hast. Ich wusste ja nicht mal, was ich machen sollte. Weiß es jetzt immer noch nicht. Zu dieser Frau in Ulm, die du erwähnt hast, wollte ich. Aber nicht, um Vergeltung zu üben, wie du wahrscheinlich denkst. Nein, nein! Ich wollte sie sehen, direkt in ihre Augen sehen und sie fragen, warum sie meinen Tod wünschte, und zwar jetzt, erst nach Jahren unserer Trennung und auf diese hinterhältige und grausame Art. Ich wollte wissen, ob sie mich gehasst hat, seit wir auseinandergingen, und ob der Hass sie völlig verändert hatte. Ja, wir waren ein Paar und haben uns geliebt. Und sie war eine verheiratete Frau und gewähltes Mitglied im Leitungsgremium meiner Gemeinde. Wirklich eine dumme Geschichte. Doch dumme Geschichten ergeben sich, sie sind nicht geplant. Plötzlich steckst du drin wie die Fliege im Honigtopf, und es ist süß und herrlich darin, aber du kannst auch nicht wieder heraus.«

Lästige Stadttauben trippelten um ihre Beine und pickten Unscheinbares auf. Hus verscheuchte sie mit einem Fuß, sah ihnen nach, wie sie aufflogen, um gleich auf dem benachbarten Bahnsteig wieder zu landen.

»Wusstest du, dass Tauben zwei konträre Temperamente besitzen?«, fragte er versonnen. »Sie sind sanft und scheu und ›ohne Fehl‹, wie der Evangelist weiß. Aber sie können auch ruppig werden und aufeinander loshacken, dass die Federn fliegen. So sanft wie eine Taube war meine Erika. Zart und anschmiegsam. Aber jetzt hat sie Krallen gezeigt, die anscheinend gar nicht vorhanden gewesen waren, und hat ohne Nachsicht nach meinem Leben gehackt.«

»Wenn sie's denn wirklich war«, wandte Beermann ein, »unsre Phantasien müssen nicht mit den tatsächlichen Abläufen übereinstimmen.«

»Sie müssen nicht, aber sie werden's tun«, sagte Hus düster. »Und jetzt? Wie geht's weiter?«

»Ich habe sofort die Polizei verständigt, als du ziemlich kopflos aus Flözers Bierrunde verduftet bist. Um weiteres Unheil zu vermeiden. Parler dürfte seine Kollegen in Ulm auf Trab gebracht haben. Und die werden mit etwas Glück die Tatverdächtige aufgespürt und in Gewahrsam genommen haben.«

Hus nickte stumm vor sich hin. Er kam Beermann ebenso ergeben wie ratlos vor.

»Meinst du, man kann dich ohne Aufpasser allein auf die Straße und auf den Heimweg schicken?«, fragte Beermann.

Hus schien ein wenig Zeit zu brauchen, die Frage bei sich ankommen zu lassen. Dann sagte er: »Beermann, sei versichert, ich habe keinerlei Rachegefühle in mir. Nur Traurigkeit. Vielleicht genügt dir das.«

Auf Parlers Anruf hin hatte die Ulmer Polizei sofort reagiert, Erika Seitter daheim angetroffen und festgenommen. Sie leistete keinen Widerstand. Auch die Frage, ob sie den Ausstellungskeller von Pfarrer Hus in Brand gesetzt habe, bejahte sie, ohne eine Sekunde zu zögern.

Bei der Vernehmung sollte Parler zugezogen werden. Er reiste in die Donaustadt, hatte genügend Zeit, auf dem Münsterplatz einen Cocktail zu sich zu nehmen und erschien pünktlich im Präsidium. Als die Tatverdächtige zur Vernehmung vorgeführt wurde, dachte er zuerst an einen Irrtum. So ein zartes, beinahe durchsichtiges Menschenwesen sollte zu einer Gewalttat imstande sein? Erika Seitter trug kurzgeschnittenes brünettes Haar, eine randlose Brille und eine Halskette aus kleinformatigem Bernstein. Ihre weiße Bluse war mit Rüschen an den Schultern und Armen besetzt, und der farbige Faltenrock reichte bis auf die Füße herab. Keine moderne Aufmachung, dachte Parler, aber ansprechend.

Die Frau nahm Platz und legte ihre Hände zusammengefaltet in den Schoß.

»Fragen Sie, was Sie wollen«, sagte sie, »ich werde Sie mit keiner Unwahrheit aufhalten.«

»Schön«, erwiderte Parler, »das weiß ich zu schätzen. Es erleichtert mir die Arbeit und nützt Ihnen am Ende ebenfalls. Also: Sie gestehen, den Brandanschlag auf Hus begangen zu haben?«

»Ja.«

»War Ihnen bewusst, dass der Mann dabei ums Leben hätte kommen können?«

»Ich musste damit rechnen.«

»Hus war Ihnen seit längerer Zeit bekannt?«

»Ja. Wir haben uns aber jahrelang nicht mehr gesehen.«

»Sie waren ein Paar?«

»Ich habe ihn geliebt.«

»Aber dann kam eine Zeit, wo Sie anfingen, ihn zu hassen?«

Erika Seitter nestelte ein Tuch aus ihrer Rocktasche, faltete es auseinander, knüllte es zusammen, wrang es wie einen feuchten Lappen und presste es wieder in ihren Fäusten zusammen.

»Hass war es nicht«, sagte sie endlich, »ich denke jedenfalls, dass ich nicht von Hass getrieben wurde. Das ist eine Leidenschaft, die mir immer fremd geblieben ist, auch nach der Trennung von Hus, die für mich schmerzlich und beschämend war. Hass, nein, eigentlich nicht. Zorn schon eher, Empörung darüber, wie Menschen sich verhalten können. Wie ihr Verhalten sie ins Unrecht setzt mit allem, was sie sagen und als ihre Überzeugung vertreten. Mein Mann hat mich verlassen, als meine Verbindung mit Hus aufflog. Und Hus hat mich verlassen, weil er seinen Ruf und sogar seinen Beruf gefährdet sah.«

»Und trotzdem keine Hassgefühle?«

»Hass ist heiß und reagiert rasch und unkontrolliert, glaube ich. Aus Hass hätte ich nicht erst jetzt, sondern schon vor Jahren gehandelt. Doch ich habe mich nicht gerächt, ich habe mich einfach entzogen. Ich bin übergesiedelt in eine andere Stadt und habe neue Kontakte geknüpft.«

»Und sind dabei auf Franck gestoßen und in seinem Kreis aufgenommen worden.«

»Richtig. Dort habe ich meine neue Heimat gefunden.«

»Was hat sie fasziniert oder was hat Ihnen gut getan in Francks religiöser Gesellschaft?«

»Die Aufrichtigkeit. Und der Ernst. Wir haben ein Stück miteinander gelebt und viel miteinander geredet. Franck war das geistige Haupt, unbestritten. In ihm war eine Begeisterung, die andere anstecken konnte. Dabei war er so tief religiös, wie ich vorher niemanden erlebt habe. Er besaß einen unglaublich scharfen, analytischen Blick für die Realitäten, konnte Entstellungen des Wahren genau bestimmen, vor allem in der Kirche. So ungefähr mussten früher die Propheten gewesen sein. Klar und ohne Kompromisse. Vielleicht finden Sie das lächerlich, aber ich sage Ihnen: In seiner Nähe war nichts als Reinheit. Und das hat mich angezogen. Es gibt so viel Schmutz, so viel Schändliches und Verlogenes, da betrat man in seinem Raum von Reinheit eine Art neuer Welt, eine Gotteswelt.«

»Einen Brandanschlag und verruchten Mord bringe ich nicht zusammen mit Ihrem Ideal von Reinheit«, brummte Parler.

Erika Seitter lächelte: »Das verstehe ich ohne weiteres, Herr Kommissar. Ich bin ja auch noch nicht am Ende mit meiner Erzählung. Franck war und ist ein Mann des Geistes und nicht der Tat. Das wusste er selbst und fand es in Ordnung so. Aber als wir auf die Idee kamen, unseren Kreis *Aktion Saubere Kirche* zu nennen, taten das einige von uns in der

Absicht, nicht nur gute Gedanken zu pflegen, sondern auch Zeichen der Veränderung zu setzen. Franck war nicht für die neue Selbstbezeichnung, aber er wehrte sich auch nicht dagegen. Drei oder vier von uns reizte der Schritt, die schönen Vorstellungen, die wir in Francks Wohnzimmer hin und her bewegten, auch in Aktionen Gestalt werden zu lassen. Wir wollten keine Revolution der Gesellschaft, was verrückt gewesen wäre, aber das sanft lebende Fleisch der Kirche mit Nadeln spicken und es auch ein bisschen ankokeln, das wollten wir schon. Und dann habe ich eben angefangen damit. Ich habe ein Feuer entzündet gegen eine Kirche der Doppelmoral; gegen die Verlogenheit von Amtsträgern, die ihre eigenen Bekenntnisse missachten; gegen die Anpassungssucht, die gut Freund mit allen sein will und keinen ernst nimmt, am wenigsten sich selber; gegen alle Kulissen, die man aufbaut, um die Leere zu verbergen, die dahinter gähnt. Ich habe Hus und seine lächerliche Ausstellung als Ziel gewählt. Es hätte auch ein anderes sein können.«

»Und der Anschlag auf die Theaterproben in der Dreifaltigkeitskirche? Und der Mord an Vikarin Engelhart, kurz bevor sie einem lesbischen Paar den kirchlichen Segen geben wollte? Alles Aktionen einer großen Kirchensäuberung?«

Die Beschuldigte starrte Parler fassungslos an: »Wovon reden Sie, Herr Kommissar? Mit anderen Anschlägen habe ich nichts zu tun. Überhaupt nichts!« Parler fragte unerbittlich nach: »Ach nein? Und das soll ich Ihnen abnehmen?«

»Ich habe Ihnen versichert, dass ich bei dieser Vernehmung kein unwahres Wort von mir geben würde«, ereiferte sie sich, »und dabei bleibt es.«

Parler sah ihr nachdenklich ins Gesicht. Sie hielt seinem prüfenden Blick stand. Er empfand eine Verlegenheit, die ihn selbst überraschte, und musste sich eingestehen, dass die Aussagen der Frau glaubwürdig erschienen, ohne Abstriche.

Als er frühmorgens aufwachte, aus dem Bett stieg und sich im Badezimmerspiegel betrachtete, hatte Beermann auf einmal das Gefühl, älter geworden zu sein. Es lag nicht an den Falten, die seine Stirn durchfurchten, oder an den Tränensäcken unter seinen Augen. Es lag auch nicht an Gliederschmerzen, die ihn geplagt, oder an Gehbeschwerden, die ihn behindert hätten. Er fühlte sich gealtert, weil er spürte, wie die Spannkraft nachließ, körperlich und geistig. Wie ein Jongleur mehrere Bälle gleichzeitig in der Luft hält, so hatte er früher mehrere Aufgaben nebeneinander bewältigt, ohne beunruhigt oder verwirrt zu werden deswegen. Das schaffte er nicht mehr. Er musste eingleisig fahren, um überhaupt voranzukommen. Und im Tempo nachgeben. Haltepunkte einlegen. Leicht fiel es ihm nicht, Erschöpfungszustände einzuräumen, die er in jüngeren Jahren als simple Kurzzeitschwächen abgetan hatte. Herr jeder Situation zu sein, war damals selbstverständlich gewesen. Jetzt drohten die Situationen Herr zu werden über ihn.

Schlicht versagt hatte er in seiner Beziehung zu Vikarin Engelhart. Aus dem untergründigen Gefühl heraus, ihr nicht gewachsen zu sein, hatte er sie zum einen Teil beschämt und zum anderen ignoriert. Ihr Tod kam sicher nicht auf seine Kappe, aber er hatte auch keine Antenne gehabt, um zu merken, in welchen Schwierigkeiten sie stecken mochte. Als Parler das Päckchen mit der seltsamen *Aktion Saubere Kirche* aufschnürte, hatte er darauf gehofft, dort die Lösung der Probleme zu finden. Und nun war bloß ein Teilerfolg dabei herausgesprungen. Der Brand in der Dreifaltigkeitskirche, vor allem der Anschlag auf seine Sakristei blieben ein Rätsel. Im Grunde musste man von vorn beginnen, an den Fällen zu arbeiten. Aber aufs Gesicht stürzen und gleich wieder aufstehen, ist ein Kinderspiel in der Jugend. Im Alter ist es eine Herkulesaufgabe.

Zum Frühstück ließ er sich Zeit bei der Zeitungslektüre. Den Sportteil, den er gewöhnlich zuerst studierte, legte er beiseite, weil ihm ein Artikel in die Augen sprang, der von einem neuen Brandanschlag auf ein voll belegtes Flüchtlingsheim berichtete. Das Feuer war zum Glück rechtzeitig unter Kontrolle gebracht und niemand verletzt worden. Doch die Heimbewohner hatten zu spüren bekommen, dass sie nach ihrer Ankunft mitten in Europa keineswegs außer Gefahr waren. Brandstifter verleugneten die Realitäten. Früher gab es Verrückte, die einsame Heuschober abfackelten, heimliche Feuerteufel, denen es eine Lust war, lodernden Flammen zuzuschauen. Sie tickten unregelmäßig, aber verfolgten keinen Plan. Nicht, was die Feuer anrichteten, war ihnen wichtig, sondern das Feuer selbst. Die große Show, die einen Kitzel verschaffte und eine eigene Art von Befriedigung. Jetzt waren die Brandstiftungen geplant und sie waren nur Mittel zu einem anderen Ziel. Jetzt war nicht mehr die Faszination bei der Show maßgebend, sondern der Wille zur Auslöschung. Da gab es etwas, das nicht da sein sollte. Eine Wirklichkeit, die verneint wurde, nicht mit Worten, sondern mit Taten. Die Unterkünfte für Flüchtlinge sollten weg, mit Hilfe von Bränden ausradiert werden, und mit den Unterkünften zusammen die Menschen, die sich einnisteten, wo sie nicht hingehörten. Feuer vernichtet, aber es reinigt auch. Immer wieder wird diese doppelte Leistung des Feuers beschworen, und das hat fatale Ursachen, dachte Beermann, die tief im uralten, religiösen Bewusstsein wurzeln. Das reinigende Feuer. Faschistoide Idioten wollen den Volkskörper reinigen von parasitärem Befall. Moralistische Eiferer wollen die abendländische Kultur reinigen von Erregern sittlicher Verkommenheit. Dann landen Molotowcocktails in den Fluren von Flüchtlingsheimen. Und eine Bombe löscht das Leben einer jungen Frau aus, die sich vorgenommen hatte, ein lesbisches Paar zu segnen.

Beermann faltete die Zeitung zusammen und begab sich ins Büro. Sibylle Brotbeck war noch nicht an ihrem Platz. Gut so. Er wusste auf einmal, was er zu tun hatte. Schaute die Einträge für Kasualien durch: bereits erfolgte und erst beantragte. Schnell wurde er fündig. Kathrin Engelhart hatte den Personalbogen für die beabsichtigte Trauung ordnungsgemäß ausgefüllt und hinterlegt. Beermann las die Namen der beiden Frauen, ihre Anschrift, ihre Tätigkeiten. Eine war Bibliothekarin, die andere Erzieherin. Er fand eine Nummer für den telefonischen Kontakt und wählte.

Diese Entscheidung war für ihn nicht vom Himmel gefallen. Sie hatte gearbeitet in ihm wie ein mächtiger Bohrer, der sich durch anstehendes Gestein quält, bis der Durchbruch geschafft ist und der Weg ins Freie plötzlich offen steht. Dieser Durchbruch besagte: Ich will die Trauung vollziehen, an der die Vikarin brutal gehindert wurde. Es war kein Gedanke von Wiedergutmachung im Spiel, weil Beermann wusste, dass nach dem schrecklichen Ende seiner Kollegin gar nichts wieder gut gemacht werden konnte. Er wollte nur diese Sache in Ordnung bringen, die unerledigt auf der Strecke geblieben war. Die Mörder sollten nicht am Ende noch die Genugtuung haben, dass sie mit ihrer ekelhaften Gewalt zum Ziel gekommen waren.

Die Verletzung seiner Amtspflichten, die er mit einer unerlaubten Zeremonie beging, störte ihn nicht. Man würde ihm eine Ermahnung verpassen, Disziplinierung konnte das nicht einmal genannt werden. Ein erhobener Zeigefinger sozusagen. Frühere Vorbehalte gegen homophile Verbindungen und deren kirchliche Billigung stellte er zurück. Ob er in dieser Beziehung seit seinem Konflikt mit Vikarin Engelhart bekehrt worden war, wusste er nicht. Aber er musste lächeln, als er an seine Mutter dachte.

Sie war eine einfache Frau mit klaren Vorstellungen über das richtige Leben gewesen. *Adrett* musste sein, was ihre Zustimmung finden sollte. Wer *adrett* angezogen war, galt als vertrauenswürdig. Wessen Wohnung *adrett* eingerichtet war, konnte bedenkenlos aufgesucht werden. Schwule und Lesben fielen bei diesem Qualitätsmerkmal unbedingt durch. Sie waren das Gegenteil von *adrett* und ein unerfreulicher Anlass zum Naserümpfen. Abfällige Bemerkungen, an denen es keinen Mangel hatte, wurden als abfällig gar nicht registriert. Sie schienen den tatsächlichen Verhältnissen geschuldet zu sein.

Bis es bei der Mutter zu einer überraschenden Bekehrung kam. Hochbetagt lebte sie, ihrem eigenen Wunsch gemäß, in der kleinen Etagenwohnung eines vierstöckigen Mietshauses. Und als eines Tages ein Schwulenpaar ins Dachgeschoss einzog, war die Entrüstung groß. Wie kann man denn bloß … Und den Vermieter sollte man … Der Wind drehte jedoch rasch im Zuge erster Begegnungen. Beermanns Mutter erlebte, dass sich die beiden anboten, ihre schwere Einkaufstasche die Treppe hoch zu tragen. Dabei sprachen sie *adrett* und waren sogar *adrett angezogen*. Das schmelzende Eis brach vollends, als die Schwulen eine Einladung zu Kaffee und Kuchen vorbrachten, oben in ihrer Dachwohnung. Denn die erwies sich als ausnehmend *adrett eingerichtet*, ohne Staubschichten auf der Tischplatte und ohne Schmutzwäsche in den Ecken, dafür mit frischen Schnittblumen in mehreren Vasen. Außerdem war der Kaffee vorzüglich und wurde in feinem Service gereicht. Man saß beisammen und plauderte miteinander, und es war kein Wort dabei, das Mutter Beermann zum Erröten veranlasst hätte. Seitdem waren Schwule für sie kein Thema mehr. Sie gehörten selbstverständlich dazu, *adrett*, wie sie waren. Die Erinnerung stimmte Beermann melancholisch wie alle Erinnerungen, die seine Mutter betrafen, aber sie versetzte ihm auch einen Ruck. Hinter eine Bekehrung, zu der seine Mutter imstande gewesen war, mochte er nicht zurückfallen.

Mit seinem Anruf hatte er Glück. Am anderen Ende der

Leitung meldete sich die Bibliothekarin und wusste sofort, mit wem sie es zu tun hatte. Nein, sie seien noch nicht getraut, erklärte sie, den Plan hätten sie vorläufig aufgegeben nach dem Desaster beim ersten Versuch. Beermann räumte ein, dass er die Absicht seiner Vikarin nicht gebilligt habe, dass er sein Verhalten aber inzwischen bereue und anbiete, seinerseits die vorgesehene Trauung zu vollziehen. Alle nötigen Unterlagen seien ja schon vorhanden. Man müsse bloß über das Datum der Handlung einig werden und über den Ort. Seine eigene Kirche sei nämlich einstweilen nach dem Brand nicht benutzbar, es gebe jedoch Ausweichmöglichkeiten. Und da habe er bereits eine Idee. Sehr geeignet dürfte die Nachbarkirche sein. Mit der betreffenden Gemeinde seien ohnehin Fusionsverhandlungen im Gange, und sein dortiger Kollege Wegener sowie dessen Vorsitzender im Kirchengemeinderat forcierten eine Übernahme aller Gottesdienste in ihrem Kirchengebäude. Die beiden würden sich deshalb bestimmt glücklich schätzen, bereits gastweise eine Trauung der ausgefalleneren Art unter ihrem Dach beherbergen zu dürfen.

Die Bibliothekarin war noch nicht entschieden. Sie müsse die Dinge mit ihrer Partnerin durchsprechen, danke jedoch für das freundliche Entgegenkommen des Pfarrers. Kathrin Engelharts Tod mache ihnen nach wie vor zu schaffen, auch deshalb, weil sie sich mitschuldig fühlten. Ohne ihre Bitte könne die Vikarin wahrscheinlich noch leben. Aber sie habe keinen Augenblick gezögert, ihrer Bitte zu entsprechen. Als hätte sie förmlich gewartet auf so eine Gelegenheit. Gekannt habe man sich, ohne eng befreundet gewesen zu sein. Trotzdem sei ihr Traugespräch äußerst intensiv und herzlich verlaufen. Man habe viel Persönliches ausgetauscht in einer seltenen Atmosphäre gegenseitigen Vertrauens. Unter anderem habe ihre Partnerin angedeutet, dass sie nach der Trauung gern eine Familie gründen würden, auch wenn die Möglichkeit leiblicher Kinder für sie ausgeschlossen sei. Da habe die Vikarin gelacht und gemeint: ›Die einen wollen ein Kind bekommen und können's nicht; ein anderer bekommt ein Kind und will's eigentlich nicht.‹

Die weiteren Erzählungen liefen völlig an Beermann vorbei. Er hing fest beim erwähnten Satz der Vikarin wie ein Fisch am Haken. Was hatte sie da angedeutet? Einen billigen Gemeinplatz oder etwas höchst Persönliches? War sie selber die genannte ›andere‹, die ein Kind bekommen sollte, ohne es wirklich zu wollen? Dann war Kathrin Engelhart schwanger gewesen, als sie in der Sakristei umgebracht wurde. Nachträglich hatten die Untersuchungen in dieser Hinsicht nichts ergeben, aber das mochte am Zustand der Leiche gelegen haben, von der nicht viel erhalten geblieben war.

»Sagen Sie«, unterbrach Beermann endlich den Redefluss der Bibliothekarin, »habe ich vorhin richtig verstanden, dass Vikarin Engelhart Ihnen gegenüber Andeutungen über ihre eigene Schwangerschaft gemacht hat?«

»So haben wir's jedenfalls aufgenommen.«

»Aber sie hat sonst anscheinend keinem ein Wort darüber verraten. Merkwürdig.«

»Nun, wie schon erwähnt, Herr Pfarrer, es war ein sehr offenes, sehr vertrauliches Gespräch, das wir geführt haben.«

Parler tobte. Er regte sich auf über die Schlampigkeit der Spurensicherung und die Blindheit der Pathologen. Gut, der Leichnam war in einem verheerenden Zustand gewesen, weitgehend verkohlt und verwüstet, aber es musste doch gerichtsmedizinische Methoden geben, um festzustellen, ob die Frau schwanger war oder nicht.

Wenn sie's war, konnten sie ihre ganze Fahndungsstrategie umstoßen und neu entwerfen. Wo eine Schwangere ist, muss halt auch ein Kerl sein, der sie geschwängert hat. Und wenn sie ihre Schwangerschaft systematisch verschwieg, müssen ernsthafte Gründe vorgelegen haben, die sie dazu veranlassten. Als ledige Frau im kirchlichen Dienst war es immer noch heikel, alleinerziehende Mutter zu werden. Nicht jede Gemeinde brachte Verständnis für solche Fälle auf, und auch nicht jeder Vorgesetzte. Doch eine Katastrophe brauchte das nicht zu werden. Also lag die Vermutung nahe, dass es Vikarin Engelhart mit ihrer Verschwiegenheit nicht allein darum gegangen war, ihre Schwangerschaft zu verheimlichen, so gut und so lange es glückte, sondern ebenso deren nähere Umstände. Brisante Umstände womöglich. Verbindungen und Zusammenhänge, die nach ihrem Willen nicht aufgedeckt werden sollten, wenn es sich denn einrichten ließ. Und da wiederum war sicher in erster Linie an den unbekannten Vater zu denken. Handelte es sich um jemanden, den sie selber, aus was für Gründen auch immer, schützen wollte? Oder um jemanden, der Druck auf sie ausübte, damit seine Identität im Verborgenen blieb? Wäre letzteres der Fall, rückte sogar ein plausibles Mordmotiv ins Scheinwerferlicht.

Nichts lag näher, als noch einmal männliche Personen ins Visier zu nehmen, die bereits in Verdacht geraten waren, auch wenn der sich bei genauerer Prüfung vorläufig nicht erhärten ließ. Der Stalker in Berlin und der selbsternannte Sektierer in Ulm. Beider Kontakte zu Kathrin Engelhart waren unstrittig. Besonders die Art der Kontakte, die der Berliner gepflegt und über das Ende ihrer Beziehung hinaus hartnäckig beibehalten hatte, war auffällig gewesen. Und deshalb verdächtig für einen möglichen Akt von Vergeltung oder für eine Kurzschlusshandlung aus verzweifelter Eifersucht. Sein angeblich wasserdichtes Alibi hatte freilich alle Verdachtsmomente im Nu zerstreut. Wer nachweislich in Berlin auf der Bühne eines Amateurtheaters steht, kann nicht gleichzeitig in Stuttgart eine Sakristei in Brand setzen. Daran war kaum zu rütteln.

Trotzdem setzte Parler seine Berliner Kollegen erneut auf den Verdächtigen an. Sie sollten ihm die Daumenschrauben anziehen mit der Erklärung, dass Kathrin Engelhart schwanger gewesen sei und dass er an erster Stelle als möglicher Vater in Betracht komme.

Ein einziger empfindlicher Widerhaken störte allerdings bei der Fahndung nach einem Schuldigen, der die Schwangerschaft der Vikarin zu verantworten hatte. Das war der Brandanschlag auf die Dreifaltigkeitskirche und die Musical-Inszenierung im dortigen Chorraum. Dahin ergab sich überhaupt keine Verbindung. Anfangs war man mit guten Gründen von einer geplanten Anschlagsserie ausgegangen. Diese Theorie war zerbrochen, als man herausfand, dass das Attentat auf Friedemann Hus eine eigene

Geschichte darstellte. Ohne Zusammenhang mit den zwei anderen Bränden. Davon, dass der Sakristeibrand und das Feuer in Kinzigs Kirche irgendwie miteinander zu tun hätten, wollte man jedoch nicht ablassen. Einfach zu unwahrscheinlich, dass auch diese beiden Anschläge vollkommen unabhängig voneinander verübt wurden. Andererseits, warum sollte jemand, der die Vikarin aus dem Weg räumte, um nicht als Vater ihres Kindes entlarvt zu werden, auch gleich den Chor der Dreifaltigkeitskirche entzündet haben?

Zur Entspannung machte Beermann sich's am Abend bequem in seinem Lesesessel und griff aus dem Bücherregal einen Band Heine. Heinrich Heine, sein Lieblingsdichter. Wenn er schlecht gelaunt war, konnte Heine ihn erheitern. Wenn er traurig war, konnte Trost von ihm ausgehen. Heine war Arzt und Kabarettist für ihn, ein Balsam für seine Seele und Pfeffer für den Geist. Auf seinen Spuren hatte er die Düsseldorfer Altstadt durchstreift und in der Bolkerstraße gerührt vor seinem Geburtshaus gestanden, unweit der Rheinpromenade und der Neanderkirche gegenüber, die sich anscheinend schamhaft hinter der ›längsten Theke der Welt‹ versteckte. Er war in Paris und dort auf dem Montmartre-Friedhof gewesen, um sein Grab aufzusuchen, das man lange nach seiner Beisetzung mit einer ansprechenden Büste des Dichters bestückt hatte.

Beermann blätterte in den ›Reisebildern‹, bei denen man weit herum und doch immer bei Heine selbst ankam, und er traf zielsicher auf Textstellen, die er am Rand markiert hatte bei früheren Lektüren. Auf sie kam er gern zurück, wie ein wehmütiger Greis gern auf erlebnisstarke Orte seiner Vergangenheit zurückkommt, und er las die betreffenden Zeilen mit der Lust des Wiedererkennens und mit der Verwunderung über das unvermindert Frische. In der ›Stadt Lucca‹ hatte er eine parodistische Skizze über den *protestantischen Pfaffen* dick unterstrichen:

Er treibt keinen Großhandel wie sein katholischer Gewerbsgenosse, sondern nur einen Kleinhandel; und da er demselben allein vorstehen muss, darf er nicht lässig sein, er muss seine Glaubensartikel den Leuten anrühmen, die Artikel seiner Konkurrenten herabsetzen, und als echter Kleinhändler steht er in seiner Ausschnittbude, voll von Gewerbsneid gegen alle großen Häuser, absonderlich gegen das große Haus in Rom, das viele tausend Buchhalter und Packknechte besoldet und seine Faktoreien hat in allen vier Weltteilen.

Beinahe noch köstlicher fand er eine Charakterisierung der protestantischen Religion, die Heine im Reisebild ›Die Bäder von Lucca‹ dem Hamburger Lotterieverkäufer Hyazinth in den Mund legte:

»... *gäbe es in der protestantischen Kirche keine Orgel, so wäre sie gar keine Religion. Unter uns gesagt, diese Religion schadet nichts und ist so rein wie ein Glas Wasser, aber, sie hilft auch nichts.* Und dann: ...»*das ist freilich eine sehr aufgeklärte Religion, und es fehlt ihr an Schwärmerei und Wunder; indessen, ein bisschen Schwärmerei muss sie doch haben, ein ganz klein Wunderchen muss sie doch tun können, wenn sie sich für eine honette Religion ausgeben will. Aber wer soll da Wunder tun, dacht ich, als ich mal in Hamburg eine protestantische Kirche besah, die zu der ganz kahlen Sorte gehörte, wo nichts als braune Bänke und weiße Wände sind, und an der Wand nichts als ein schwarz Täfelchen hängt, worauf ein halb Dutzend weiße Zahlen stehen.* Da entschließt sich der skeptische Lotterieverkäufer, es mal mit der religiösen Wunderkraft dieser Zahlen von der protestantischen Liedertafel zu probieren und setzt sie wagemutig bei der Altonaer Lotterie ein. Was ihm allerdings nicht gelohnt, sondern mit einer ausgesprochenen Pleite quittiert wird: »*Jetzt wusste ich, was ich zu denken hatte, jetzt dacht ich, bleibt mir weg mit einer Religion, die gar nichts kann, bei der nicht einmal eine Ambe herauskömmt – werde ich so ein Narr sein, auf diese Religion, worauf ich schon vier Mark und vierzehn Schilling gesetzt und verloren habe, noch meine ganze Glückseligkeit zu setzen?*«

Es ist dieses Spiel von Bedeutungen, das Beermann entzückte, der Spott immer gepaart mit Ernst und der Ernst mit Spott. Leichtigkeit im Ton und Treffsicherheit in der Sache. Und stets Gegenstände zum Nachdenken und zum Schmunzeln.

Den Band stellte er zurück ins Regal und fischte eine Heine-Biographie heraus, in der er lange nicht gelesen hatte. Er überflog die ersten Seiten, Kindheit und Jugend des Harry Heine in der jüdischen Familie am Rhein, mit einer Mutter, die er geliebt hat, und einem Vater, der geschäftlich näher am Rande des Bankrotts als in den Fahrrinnen des Erfolgs schipperte. Sehr im Unterschied zu dessen Bruder, dem steinreichen Bankier Salomon Heine in Hamburg, zu dem Harry als junger Mann in die Lehre zog. Diese Passage wollte Beermann noch einmal genauer durchsehen, Heines Begegnung mit Amalie, Onkel Salomons Tochter, die erste, allerdings unglücklich verlaufende Liebe. Sie findet ihren Niederschlag in den frühsten Liebesliedern, die er schrieb und die durchwirkt sind von widersprüchlichen Fäden aus Sehnsucht und Enttäuschung. Er selbst konnte diese Begegnung mit seiner Cousine als »schöne Wiege meiner Leiden« bezeichnen.

Amalie muss eine hübsche Person gewesen sein, und Heine fand sie anziehend und begehrenswert, verliebte sich Hals über Kopf in sie und unterstrich seine Verehrung mit kleinen Liebesgedichten. Die reiche Amalie benahm sich trotzdem kühl und reserviert ihm gegenüber, sie schaute herab auf den mittellosen Cousin, der im Kontor ihres Vaters an Bilanzen und Rechnungen schrieb. Sie dachte an eine Partie aus besseren Kreisen und brachte für Heines Verse kein nennenswertes Verständnis auf. Seine erste große Liebe endete deshalb tragisch:

Hätt‹ ich dich doch nie gesehen,
Schöne Herzenskönigin!
Nimmer wär es dann geschehen,
Dass ich jetzt so elend bin.

Beermann unterbrach die Lektüre und las die Zeilen noch einmal. Langsam und laut, um sie mit Augen und Ohren zugleich aufzunehmen. Dann blätterte er zurück, studierte einzelne Sätze mit der Sorgfalt eines Exegeten, klappte das Buch zu, stand auf und pendelte unruhig hin und her durch den Wohnraum.

Cousin und Cousine, so schlug ein Takt immerzu in seinem Kopf, Cousin und Cousine. Eine Liebe – und im Endeffekt eine verunglückte Liebe – zwischen Cousin und Cousine.

Das gab's bei Heine, das gab's auch bei weniger prominenten Leuten, für manche war es eine naheliegende Möglichkeit in jungen Jahren. Cousin und Cousine trafen selbstverständlich aufeinander, ohne sich suchen zu müssen, und eine Annäherung konnte sich ergeben ohne riskante Überwindung hoher Hürden. Die Familie bildete ein hindernisarmes Gelände zur Begegnung.

Eine Liebe zwischen Cousin und Cousine. Beermann hatte sich bereits von der Heine-Lektüre verabschiedet und wurde wieder von seinem Fall eingeholt. Dem Fall Kathrin Engelhart. Wurde auf einmal denkbar, dass es vor allem und in erster Linie ein Fall Kinzig werden sollte? Kollege Kinzig war der Cousin seiner Vikarin, die beiden hatten eine gemeinsame Zeit im Studium verbracht, und Kathrin Engelhart hatte sich maßgeblich beteiligt an Kinzigs Musical. Ihm, Beermann, war sogar kurzfristig der Verdacht gekommen, die zwei pflegten mehr als familiäre und freundschaftliche Beziehungen, aber Bettina hatte ihm widersprochen, hatte ihn ausgelacht deswegen, und er hatte die Angelegenheit ad acta gelegt. Jetzt tauchte sie gespenstisch wieder auf. Eine unsägliche Vorstellung, dass Kinzig der gesuchte Täter sein sollte; dass die Verbindung der beiden zur Schwangerschaft der Vikarin geführt haben könnte, einer verbotenen und darum verheimlichten Schwangerschaft, weil Kinzig ein verheirateter Mann war und amtierender Geistlicher obendrein. Verhielt es sich tatsächlich so, dann bahnte sich eine Katastrophe an. Für Kinzig noch weit mehr als für Vikarin Engelhart. Und dann hatte er guten Grund, mit Heinrich Heine zu seufzen:

»Hätt' ich dich doch nie gesehen …«

Bettina erklärte kategorisch, dass sie sich Kinzig als heimtückischen Gewalttäter überhaupt nicht vorstellen könne.

»Ich auch nicht«, erwiderte Beermann trocken.

Einen unauffälligeren Typ suche man in der gesamten Pfarrerschaft des Bezirks vergebens.

»Richtig«, bestätigte Beermann.

»Und wie sollte der Mann mit einer solchen Last auf dem Gewissen leben?«

»Weiß ich nicht. Aber das ist im Augenblick nicht die Frage. Kaum ein Straftäter taxiert die möglichen Folgen seines Handelns. Sie rennen zukunftsblind in ihr Verderben. Deshalb ist ja eine vermeintlich abschreckende Wirkung drakonischer Strafen ziemlich illusorisch.«

»Vielleicht war er's gar nicht.«

»Möglich. Genaues wissen wir nicht, es ist vorläufig mehr eine Ahnung. Parler schnüffelt eifrig auf alten Fährten. Auf der nach Berlin und der nach Ulm. Wenn er da was Handfestes zu packen kriegt, kann er sich anschließend zufrieden zurücklehnen in seinem Polizeisessel. Doch ich glaub es nicht. Franck ist ein radikaler Geist, aber kein Gewalttäter.«

»Kinzig ist auch keiner«, warf Bettina ein.

»Klar, das weiß ich selber. Nur, der Teufel streut sein Gift gern in unscheinbare Töpfe. Kinzig. Ich denke daran, wie er nach dem Anschlag auf unsere Sakristei und dem Tod der Vikarin postwendend bei mir aufkreuzte und allen Verdacht auf den Berliner Stalker lenkte. Damals hab ich nichts gedacht dabei, jetzt frage ich mich, ob er ein Ablenkungsmanöver aufgezogen hat. Den Pfeil in die Ferne schwirren lassen, um selbst gar nicht erst in die Schusslinie zu geraten.«

»Na, ich weiß nicht. Im Übrigen vergisst du, dass Kinzig eines der Opfer war. Man hat ihm doch ebenfalls übel mitgespielt und den Chor seiner Kirche verwüstet.«

»Allerdings, das darf wirklich nicht vergessen werden. Aber ich habe das sichere Gefühl, es wird auch dafür eine Erklärung geben.«

»Renn dich nicht fest, Helmut! Du bist wie behext von deiner Idee und wirst nachher ein langes Gesicht machen und in Sack und Asche gehen, bis es mir zu viel wird und ich dich im Barfüßerkloster abliefere.«

Beermann grinste: »Warum gerade bei den Barfüßern?«

»Kommt mir so. Weil die sich wie Experten für strenge Bußübungen anhören.« Eine Pause entstand, in der jeder gedanklich seiner Wege ging.

»Sag mal«, setzte Beermann schließlich wieder an, »was ist eigentlich mit Kinzigs Frau? Kennst du sie?«

»Flüchtig. Bei den Zusammenkünften der Pfarrfrauen im Bezirk glänzt sie gewöhnlich durch Abwesenheit. An eine Begegnung kann ich mich jedoch erinnern, bei der ich am Tisch gleich neben ihr saß. Sie war zunächst stumm wie ein Fisch und löste sich erst durch mein ständiges Gequassel ein wenig aus ihrer Kapsel. Viel geredet hat sie trotzdem nicht. Mein Eindruck war: eine auffällig scheue Person mit starker Tendenz zum Depressiven. Auch äußerlich wirkte sie zerbrechlich, boshaft gesprochen richtig dürr, ohne ein *weiches* Pölsterchen irgendwo.«

»Und verschanzt sich die meiste Zeit hinter den Mauern ihrer Pfarrwohnung?«

»Wahrscheinlich… nein, warte mal. Ich erinnere mich, dass sie ein kleines Ferienhaus erwähnte, das sie von ihren Eltern geerbt hat. Irgendwo am Bodensee. Da fährt sie manchmal hin, weil ihr die Abgeschiedenheit zusagt und weil dort von einer Stunde auf die andere in ihr das Gefühl einer wohltuenden Geborgenheit aufsteigt.«

»Abwesenheiten also. Und wahrscheinlich keine kurzzeitigen für zwei oder drei Tage. Was für Kinzig Freiheiten mit sich brachte. Erst Freiheiten für seine Cousine, dann Freiheiten gegen sie.«

»Du bist ein Sturkopf, Helmut«, entschied Bettina und zog sich einen Regenmantel über für ihren Weg zum Supermarkt.

Freitag. Vor acht am Morgen hatte Beermann in der Schule anzutreten. Gymnasiale Oberstufe, das Fach Religion war abiturrelevant. Im Tagesplan belegte er immer die erste oder letzte Stunde. In der ersten war die gesamte Klasse verpennt von der Nacht, in der letzten von den Strapazen des vorangegangenen Unterrichts. Lehrplanmäßig handelte Beermann Feuerbachs herbe Religionskritik ab, die allerdings niemanden zu erschrecken vermochte.

Er hatte sich gleich in den schwarzen Anzug geworfen und seinen Talar auf dem Rücksitz seines Wagens deponiert. Da konnte er unmittelbar nach seinem Gastspiel in der Schule den Pragfriedhof ansteuern und die Beerdigung eines Gemeindeglieds vollziehen, das er zu dessen Lebzeiten nie zu Gesicht bekommen hatte.

Beim Mittagessen (Spinat mit Rührei und Salzkartoffeln, die ganz bequeme Variante) erklärte er Bettina, dass er immer noch nicht wisse, was er mit Kinzig anfangen solle. Parler einbeziehen möchte er nicht. Jedenfalls noch nicht. Einen Kollegen bei der Polizei anzuschwärzen, das bringe er nicht übers Herz. Zumal sein Verdacht gegen Kinzig durchaus eine Seifenblase, eine fixe Idee sein könnte.

Nach dem Essen stieg er aufs Rad. Wieder einmal brauchte er Luft und Bewegung und Zeit zum Nachdenken. Er durchquerte den Schlosspark, nahm unterhalb des Rosensteinschlosses die Holzbrücke über den Neckar, gondelte durch die Cannstatter Altstadt und fuhr weiter am Fluss entlang Richtung Esslingen. Er passierte das imposante Oval der Fußballarena, das früher als Neckarstadion bekannt gewesen war und inzwischen Daimler-Stadion hieß. Eine Namensänderung, die nicht aus ästhetischen oder historischen, sondern aus wirtschaftlichen Gründen erfolgte: Daimler sponserte, der Neckar nicht.

Links oben thronte über Weinbergen die Grabkapelle vom Rotenberg, ursprünglicher Ort der Württemberger Stammburg. Von dort überblickte man das Neckartal, das komplett mit Industrieanlagen ausgefüllt und von einem Fluss durchzogen wurde, der, in ein steinernes Korsett gezwängt, einem Kanal ähnlicher schien als einem fließenden Gewässer. Trotzdem mochte Beermann diese Strecke. Einmal weil sie topfeben war und keine Mühen giftiger Anstiege bereitete. Zum andern, weil man in Esslingen eintraf, der ehemals Freien Reichsstadt, deren Zentrum, von Kriegsschäden verschont, ein herrliches Ensemble von

Fachwerkhäusern und Kirchen, gepflasterten Gassen und romantischen Winkeln bildete. Beermann hielt auf der Inneren Brücke einer Buchhandlung gegenüber, deren Auslagen im Schaufenster er mit raschem Blick überflog, stellte sein Fahrrad ab, warf einem Stehgeiger zwei Münzen in den Hut und nahm Platz auf dem Plastikstuhl eines Straßencafés. Bei seinem Cappuccino lehnte er sich ächzend vor Zufriedenheit zurück, schaute den Passanten hinterher, den eiligen und den gemütlichen, und fand es bemerkenswert, wie viele Leute am hellen Tage spazieren gehen.

Wo Kinzig sich aufhalten mochte? Hingebreitet auf seinem Wohnzimmersofa zur mittäglichen Siesta? Oder mit schlechtem Gewissen in irgendeiner harten Kirchenbank? Oder bereits, Böses ahnend, auf der Flucht?

Beermann phantasierte Szenenbilder von der Beziehungsgeschichte zwischen Kinzig und Kathrin Engelhart. Der junge Kinzig, das Gesicht von Pubertätspickeln übersät, scheu und unsicher und deshalb introvertiert. Daneben die fesche Cousine, mit flottem Mundwerk und selbstbewusstem Auftreten, die sich bereits einen Spaß daraus machte, ihre Wirkung auf andere zu testen. Man begegnete sich bei Feiern und gemeinsamen Ausflügen der Familie. An seiner Cousine entdeckte der junge Cousin das Prinzip des Weiblichen und er fand, dass es ihn eigentümlich erregte. Wenn er lustlos über seinen Schulaufgaben hockte, trat sie ihm mit einem Lächeln vor die Augen, das ihn gefangen nahm. Er begann, ihre Nähe zu suchen und Gelegenheiten zu erfinden, die ein Zusammensein mit ihr garantierten. Und er ärgerte sich über den roten Kopf, den er regelmäßig bekam, sobald sie ihn berührte. Sollte dies die Liebe sein?

Irgendwann, wahrscheinlich vor Abschluss der Schulzeit, drifteten sie auseinander. Kathrin legte sich einen Freund zu, Kinzig leckte seine Wunden und lernte, dass Zeit tatsächlich die Kraft hat, heilend zu wirken. Vergessen aber konnte er seine Cousine nicht.

Beermann sah die beiden später, während des Studiums in einer auswärtigen Universität, wo sie überrascht sind, sich wieder zu treffen und das im selben Kolleg. Sie verhält sich viel reservierter als in früheren Jahren, doch in ihm lodert heftig auf, was lange nur noch heimlich geschwelt hatte. Er überlegt Schritte für eine neue, intensivere Annäherung und ignoriert, wie zurückhaltend sie bleibt. Jetzt treibt er, und sie bremst. Aber ihre Bremsversuche scheinen halbherzig zu sein oder er will sie einfach nicht wahr haben. Er beschließt eines Tages, aufs Ganze zu gehen, und erhält eine ganze Abfuhr. Kathrin will nicht, und Kinzig muss sich fügen. Sie entfernen sich voneinander, innerlich und äußerlich. Kinzig macht Examen, heiratet viel zu schnell, beinahe überstürzt, absolviert sein Vikariat, übernimmt eine erste Pfarrstelle in der Stadt. Irgendwann und irgendwo in dieser Zeit, dachte Beermann, müssen die zwei erneut zusammengefunden haben. Sie eine ledige Vikarin, er ein junger, einigermaßen unglücklich verheirateter Pfarrstelleninhaber. Irgendwie muss es passiert sein, dass sie sich zu nahe kamen. Vielleicht zum nachherigen Erschrecken beider. Und dann brannte die Lunte, die nicht mehr gelöscht werden konnte, bis es zur gewaltigen Explosion kam.

Der Straßenmusikant packte seine Violine in den Geigenkasten, grüßte mit einer Handbewegung zu Beermann hinüber, als seien sie gut bekannt miteinander, stülpte den Hut auf seinen Kopf und trottete davon. Ja, es war Zeit aufzubrechen. Beermann zahlte und erhob sich. Er würde nicht sofort nach Hause radeln, sondern einen kleinen Umweg einschieben. Zu Kinzigs Wohnung. Wenn er ihn antraf, wollte er ihn ins Gebet nehmen. Nicht überfallartig, sondern mit jenem Maß an seelsorgerlicher Behutsamkeit, das ihm sein Zorn gerade noch einräumte.

Die Adresse war ihm bekannt. Beermann klingelte an der Haustür und wurde gehört. In der Wohnungstür stand jedoch nicht Kinzig selber, sondern seine Frau, klein, unscheinbar, fast ein wenig ängstlich. Sie bat ihn nicht einzutreten und sah ihn nur fragend an. Beermann stellte sich vor und erkundigte sich, ob Kollege Kinzig anzutreffen sei. Sie verneinte. Ob er in Kürze zu erwarten sei, wollte Beermann wissen. Sie zuckte mit den Achseln und sagte, während ihr auf einmal Tränen über die Wangen herunterliefen, sie habe ihn seit gestern nicht gesehen. Angeblich sei er vormittags zu einer Besorgung aus dem Haus gegangen und über Nacht nicht zurückgekehrt. Sie mache sich Sorgen. Eigentlich hätte sie längst die Polizei benachrichtigen sollen, aber sie schiebe es Stunde um Stunde hinaus. Ob sie eine Ahnung habe, wo er sich aufhalten könne, fragte Beermann. Sie schüttelte den Kopf. Plötzlich überfiel ihn ein Gedanke: »Sie besitzen doch eine Ferienwohnung oder ein Ferienhäuschen am Bodensee?«

»Eine Ferienwohnung«, sagte sie.

»Könnte es sein, dass er sich dorthin vorübergehend zurückgezogen hat, aus was für Gründen auch immer?«

Sie wischte sich mit dem Ärmel Tränen vom Gesicht

und sah ihn ausdruckslos an: »Ich weiß nicht. Allerdings, er ist gern dort. Und den Schlüssel trägt er gewöhnlich an seinem Bund.«

»Frau Kinzig«, sagte Beermann, »warten Sie noch bis heute Abend, bevor Sie die Polizei alarmieren. Ich fahre, wenn Sie mir die Adresse verraten, zu Ihrer Ferienwohnung und sehe nach. Telefon gibt's vermutlich nicht in der Wohnung und ein Handy hat Ihr Mann nicht dabei?«

»Sein Handy ist ausgeschaltet. Ich hab's immer wieder umsonst probiert. Und Telefon gibt's nicht. Aber die Adresse kann ich Ihnen nennen.«

In der Hagnauer Ferienwohnung traf Beermann niemanden an. Sie lag im Hochparterre eines Hauses mit mehreren Appartements, die nach Süden auf den See hinausgingen und über winzige Balkone verfügten. Ein Fenster der Wohnung war geklappt, und ein Golf mit Stuttgarter Kennzeichen parkte auf einem reservierten Platz vor dem Haus. Golf, das passte. Pfarrer bevorzugten sowieso diesen Wagentyp, und bei Kinzig konnte Beermann sich überhaupt kein anderes Modell vorstellen.

Befand er sich auch nicht in seiner Ferienwohnung, so war er immerhin in der Nähe, voraussichtlich.

Beermann ging hinunter ans Seeufer und hielt beim Anlegesteg. Weiße Schiffe der Bodenseeflotte glitten weit draußen auf dem Wasser aneinander vorbei, ein Zeppelin, fliegender Werbeträger für zahlungskräftige Firmen, schwebte behäbig über die Uferzone, Enten tummelten sich im Flachwasser, und Feriengäste auf der Promenade präsentierten einander ihre Moden. Am Bodensee ist immer Betrieb und immer Urlaubszeit, dachte Beermann. Vielleicht unter Abzug des Spätherbstes, wenn Nebel die Herrschaft übernimmt in der ganzen Region und die Dienstleister zum Ausspannen nach Teneriffa geflogen sind.

Weiter östlich vom Ort erstreckte sich ein ausgedehnter Campingplatz, dahin mochte Beermann nicht gehen. Die Aussicht erschien ihm gering, Kinzig in dieser Ecke zu finden. Also entschloss er sich, in der entgegengesetzten Richtung auf Meersburg zuzusteuern, wo es zahlreiche Badenischen hinter Schilf, Büschen und schütteren Baumgruppen direkt am Wasser gab. Der beliebte Rundkurs um den Bodensee wurde von Radlern kräftig genutzt, und einzelne Fußgänger wurden als lebendige Hindernisse vorwurfsvoll beklingelt. Beermann machte sich nichts daraus und behauptete stur die Mitte des Weges. Immer wieder bog er jedoch ab, lugte neugierig hinter Sträucher und spazierte einen Trampelpfad zwischen polierten Findlingen und abgestorbenem Holz entlang. Und dann erkannte er Kinzig. Der hatte sich im Schotter des Seeufers niedergelassen, die Beine angewinkelt und die Arme um seine Knie gelegt. Er saß vollkommen bewegungslos, den Blick auf die fernen Höhen des Säntis gerichtet, während nicht weit von ihm Amateursurfer mit ihren Anfängerübungen beschäftigt waren. Beermann stand still und wartete. Zu gern wäre er jetzt die Ruhe selbst gewesen, aber er war es nicht. Er spürte eine prickelnde Nervosität. Wie sollte er überhaupt anfangen? Wie sein unverhofftes Erscheinen begründen, ohne sofort mit der Tür ins Haus zu fallen? Aus purem Zufall war er bestimmt nicht da. Vielleicht probierte er's mit Kinzigs besorgter Ehefrau, die ihn gebeten hatte, in Hagnau nach dem Vermissten Ausschau zu halten. Unmöglich erschien das nicht, glaubwürdig aber auch nicht wirklich.

Als Kinzig nach einer Weile einen Kiesel vom Boden aufhob, ihn in der Rechten wog und dann aufs Wasser hinauswarf, gar nicht weit von der Stelle entfernt, wo sich die Surfer plagten, ließ Beermann sich endlich zur Offensive ermuntern. Er schritt entschlossen voran, überquerte den Gürtel aus Kies und Steinen und setzte sich grußlos neben Kinzig ans Wasser. Der rührte sich nicht, auch wenn ihm der unerwartete Besuch kaum entgangen sein konnte. Er schaute weiter über den See hinaus, mit diesem träumerischen Blick, der kein bestimmtes Objekt ins Auge fasst, und Beermann kam es vor, als sei er unterwegs in ganz anderen Welten. Plötzlich legte Kinzig seine rechte Hand auf Beermanns Knie, in einer raschen, flüchtigen Bewegung, und schon nahm er sie wieder weg, als bereue er eine peinliche Fehlhandlung. Angesehen hatten sich beide nicht, und Kinzig verharrte bei seinem Blick ins Weite, als er zu reden begann:

»Es ist Zeit, werden Sie mir gleich sagen, Beermann, Zeit, nach Hause zu fahren.«

Er schwieg ein paar Wimpernschläge lang und fuhr dann fort: »Zeit, ja. Aber was ist Zeit und was ist die rechte Zeit? Vielleicht lernt man's am ehesten, wenn man dabei ist, aus aller Menschenzeit, aller Weltzeit herauszufallen.«

Er unterbrach sich, atmete durch, blickte hoch zum

Himmel, dann in großem Bogen übers Wasser und setzte erneut an:

»Hier am See erlebe ich Zeit, die mich einhüllt und die ich nicht ablese an den Ziffern meiner Uhr. Sie steht nicht still, diese Zeit, und sie rinnt auch nicht dahin. Sie flieht nicht und sie ruht nicht. Sie brütet am Mittag in der Sonnenglut über dem See. Sie wirbelt mit dem Wind aus dem Rheintal daher, trägt den Duft der Bergwälder mit sich und eine Schleppe von Kultur aus dem Kloster St. Gallen. Sie tänzelt mit den Wellen, die in unendlicher Bewegung sich andauernd schieben, brechen und vereinen; die in raschen Hebungen, als seien sie auf der Flucht, ihre Gestalt schon wieder aufgeben, bevor sie sie zum Abschluss brachten, ein immerwährender Wandel im Gleichmaß der Wiederholungen.

Die Zeit ist ein fernes Segel, das gebläht wird von Kräften, die man nicht sieht, und das seine Richtung nimmt aus dem Ungefähren ins Ungewisse.

Sie ist gleichmütig und erhaben wie die Zackenlinie der entfernten Alpenkette, die morgens wie eine junge Welt aus dem Dunst heraufsteigt und doch immer die gleiche bleibt in der Fülle ihrer Ansichten.

Zeit ist der Himmel, der ein blaues Zelt spannt über See und Land und der sich manchmal bezieht mit flockiger Wolkenwatte und von Westen her, jenseits der Aargauer Hügel, Gewaltiges hervorholt, schwarze Tuchballen, die sich unaufhaltsam und drohend ausrollen zu den Bergen hinüber.

Zeit ist alles. Nicht wir haben Zeit, die Zeit hat uns. Sie beflügelt, dass wir aufsteigen wie Vögel, und sie bedrängt, dass wir abstürzen ins Tiefe. Jetzt lässt sie uns stark werden, dann wieder schwach, ich weiß nur nicht, ob sie verzeihen kann.«

Kinzig verstummte, ohne seine Haltung, seine Blickrichtung zu wechseln, und Beermann verstand, dass er gerade einem Bekenntnis gelauscht hatte, einem sehr persönlichen und sehr aufrichtigen Bekenntnis. War er, Beermann, berufen, dieses Bekenntnis mit bohrenden Fragen zu zerpflücken, dem Mann neben sich mit Vorhaltungen zu kommen, seinen Abscheu vor dessen furchtbarem Verbrechen auszudrücken, das nie und nimmer zu verzeihen wäre? Wollte er Kinzig immer noch überführen und ihn vor der Schändlichkeit erblassen sehen, die er begangen hatte und die nun aufgeflogen war? Empfand er eine Genugtuung dabei, den Mann zu vernichten?

Da begann Kinzig noch einmal: »Dieser Kommissar, Beermann, mit dem Sie gern zusammenarbeiten, wie war noch sein Name?«

»Parler«, sagte Beermann.

»Parler, richtig«, sagte Kinzig. »Wie der große Peter Parler, der nicht niedergerissen und zerstört, sondern immer nur gebaut hat, wie aus der Zeit heraus und in die Ewigkeit hinein gebaut, Kirchen, Dome, die wunderbare Brücke über die Moldau in Prag. Parler. Grüßen Sie ihn. Er muss mich nicht suchen und festnehmen. Ich werde mich stellen, wenn ich zurück bin. Versprochen.«

Beermann konnte sich jetzt doch nicht enthalten nachzufragen: »Es gab zwei Brandanschläge. Einen auf die Sakristei meiner Kirche. Und einen auf den Chor Ihrer Kirche.«

Kinzig lächelte bitter: »Ja, zwei. Den ersten plante ich

nach dem Anschlag auf Hus und seine ›Krypta‹. Ich dachte, ich könnte den Vorfall nutzen, um eine Folgetat vorzutäuschen. Aber die Sache misslang mir, weil Kathrin, anders als ich vermutete, den Chorraum bereits verlassen hatte. Den zweiten Versuch hatte ich sorgfältig vorbereitet. Und zwar mit der Sorgfalt, mit der man ein Gottesurteil vorbereitet. Ich wusste von Kathrins Schwangerschaft und war verzweifelt. Ich riet zu einer Abtreibung, aber das wollte sie nicht. Ebenfalls wollte sie nicht, dass ihr Kind mit unbekanntem Vater aufwüchse. Darum verlangte sie, dass ich mich zu ihr und ihrem Kind bekennen sollte. Sie verlangte mehr, als ich Kraft hatte zu erfüllen. Nach dem gescheiterten Anschlag in meiner Kirche habe ich's dann mit einer Art Gottesurteil probiert. Ich habe mir die Bombe besorgt bei einem Tüftler in Zuffenhausen und habe sie in Ihrer Kirche installiert. Zu einem Zeitpunkt, an dem Kathrin dort anwesend war. Ich hatte einen Zündmechanismus gewählt, der den Sprengsatz nur dann hochgehen ließ, wenn er berührt wurde. Wäre Kathrin an ihm vorbeigelaufen, wäre gar nichts passiert. Ich habe die Installation vorgenommen, als meine Cousine in der Kirche war, absichtlich. Hätte sie mich gesehen, wäre die Sache erledigt gewesen. Ich hätte darauf verzichtet, ihr weiter nachzustellen, und wäre als ungeschickter Attentäter zur Rechenschaft gezogen worden. Beinahe hatte ich dieses Finale erhofft. Aber es sollte anders verlaufen.«

Vom Wasser her taumelten zwei Zitronenfalter zu ihnen herüber, wie beschwipst von der Heiterkeit des Tages und von ihrer flatterhaften Liebe.

»Sehen Sie die beiden«, sagte Kinzig, »es hat den Anschein, als gehörten sie unbedingt zusammen und könnten trotzdem nie miteinander zur Ruhe kommen.«

»Sie werden zur Ruhe kommen«, sagte Beermann.

Die Zitate sind entnommen aus:

Heinrich Heine: Sämtliche Werke, Bd. I, Winkler Verlag München, 1992, S. 29: Sämtliche Werke, Bd. II, Winkler Verlag München, 1994, S. 266f. und 320

Johann Wolfgang von Goethe: Hamburger Ausgabe, Bd. II, C.H. Beck Verlag München, 2005, S. 18

Eduard Mörike: Werke, Bd I, Bibliographisches Institut Leipzig/Wien, 1914, S. 161

Karl Marx: Frühschriften, Kröner Verlag Stuttgart, 1953, S. 17

MIX
Papier aus verantwortungsvollen Quellen
FSC
www.fsc.org
FSC® C014138

Bibliografische Information der Deutschen Nationalbibliothek:
Die Deutsche Nationalbibliothek verzeichnet diese Publikation in der Deutschen Nationalbibliografie; detaillierte bibliografische Daten sind im Internet über http://dnb.d-nb.de abrufbar.

Umschlaggestaltung: Grafikbüro Sonnhüter, www.sonnhueter.com
unter Verwendung eines Bildes von © Jackan (shutterstock.com)
Lektorat: Dr. Susanne Roll, Neuenkirchen-Vörden
DTP: Magdalene Krumbeck, Wuppertal
Verwendete Schrift: Caslon Pro
Gesamtherstellung: Finidr, s.r.o.
Printed in Czech Republic
ISBN 978-3-7615-6418-9 Print
ISBN 978-3-7615-6419-6 E-Book

www.neukirchener-verlage.de